Zonas de colaboração
CONVERSAS DA MetaReciclagem

Dados Internacionais de Catalogação na Publicação (CIP)
(Jeane Passos Santana – CRB 8ª/6189)

Dimantas, Hernani
　Zonas de colaboração: conversas da MetaReciclagem / Hernani Dimantas. – São Paulo : Editora Senac São Paulo, 2013.

　Bibliografia.
　ISBN 978-85-396-0429-6

　1. Comunicação e ambiência em redes digitais　2. MetaReciclagem
I. Título.

13-162s　　　　　　　　　　　　　　　　　　　　　　　　CDD-302

Índice para catálogo sistemático:
　1. Comunicação e ambiência em redes digitais　　302

Zonas de colaboração
CONVERSAS DA METARECICLAGEM

HERNANI DIMANTAS

Editora Senac São Paulo – São Paulo – 2013

Administração Regional do Senac no Estado de São Paulo
Presidente do Conselho Regional: Abram Szajman
Diretor do Departamento Regional: Luiz Francisco de A. Salgado
Superintendente Universitário e de Desenvolvimento: Luiz Carlos Dourado

Editora Senac São Paulo
Conselho Editorial: Luiz Francisco de A. Salgado
Luiz Carlos Dourado
Darcio Sayad Maia
Lucila Mara Sbrana Sciotti
Jeane Passos Santana

Gerente/Publisher: Jeane Passos Santana (jpassos@sp.senac.br)
Coordenação Editorial: Márcia Cavalheiro Rodrigues de Almeida (mcavalhe@sp.senac.br)
Thaís Carvalho Lisboa (thais.clisboa@sp.senac.br)
Comercial: Marcelo Nogueira da Silva (marcelo.nsilva@sp.senac.br)
Administrativo: Luís Américo Tousi Botelho (luis.tbotelho@sp.senac.br)

Edição de Texto: Rafael Barcellos Machado
Preparação de Texto: Jandira Queiroz
Revisão de Texto: Luiza Elena Luchini (coord.), Globaltec Editora Ltda.
Editoração Eletrônica: Antonio Carlos De Angelis
Capa e Foto da Capa: Hernani Dimantas
Impressão e Acabamento: Yangraf Gráfica e Editora Ltda.

Proibida a reprodução sem autorização expressa.
Todos os direitos desta edição reservados à
Editora Senac São Paulo
Rua Rui Barbosa, 377 – 1º andar – Bela Vista – CEP 01326-010
Caixa Postal 1120 – CEP 01032-970 – São Paulo – SP
Tel. (11) 2187-4450 – Fax (11) 2187-4486
E-mail: editora@sp.senac.br
Home page: http://www.editorasenacsp.com.br

© Editora Senac São Paulo, 2013

Sumário

Nota do editor, 7
Prefácio – *Elizabeth Saad Correa*, 9
Agradecimentos, 13

INTRODUÇÃO, 15
Eu sou o Marketing Hacker, 15
A catedral e o bazar, 21
Tecnologia é mato, 26
Apropriações tecnológicas, 28
Esporos, 33
ConecTAZes, 34
Intervenção, 35

A PRIMEIRA BRICOLAGEM, 39
E sobre os *cluetrainers?*, 39
Hackerização, 40
O choque cultural, 49
Tecnologia social, 50
O crime perfeito, 52
Peer production, 53
Apropriações digitais, 55
A promessa da web, 56
Muitas internets, 60

Ruptura da metafísica padrão, 63
   A lógica da linkania, 70
   O paradigma das redes, 72
   A rede da cultura, 74
   Poder e saber, 77

Zonas de colaboração, 83
   O que é colaboração?, 83
   As redes são por demais reais, 90
   Tecnologia maquínica, 91
   Produção de subjetividade, 93
   O infinito do mundo inteiro, 97
   O monstro revolucionário, 100
   A multidão de comuns, 105
   O comportamento rizomático, 108
   Produção biopolítica, 111
   O mundo de pontas, 113

Cada um é cada um, 121
   As conversas, 124
   Membros da MetaReciclagem, 125
   Rede de afetos, 126
   Os resultados, 127
   As zonas de colaboração, 131
   Agenciamentos coletivos e transformações, 137
   Características da rede, 142
   Apropriação da tecnologia social, 146
   Sobre metodologia, 153
   Aqui tem um bando de loucos!, 157

Bibliografia, 167

Nota do editor

Podemos vincular a origem da internet a restritos projetos militares americanos, cujos propósitos eram o controle e a proteção de informações. Paradoxalmente, no entanto, após tornar-se pública e global, a rede tem sido considerada por alguns como um ícone da liberdade de expressão, pois quebrou antigos modelos da mídia de massa e possibilitou que o usuário passivo de antes se expressasse, produzisse seu próprio conteúdo e tivesse espaço para divulgá-lo.

Não só isso, a internet permitiu também um rompimento com elementos tradicionais da teoria da comunicação ao conceder que vários emissores e receptores teçam uma conversa não linear, remixada e cruzada, que transcende limitações de espaço e tempo. Parece meio óbvio, mas na rede desenvolvemos a capacidade de conversar em rede.

Em outras palavras, a internet mudou a maneira como nos comunicamos.

Nesse grande espaço virtual deliberativo, podemos participar de todo tipo de diálogo, desde os mais triviais até os que abarcam ideias capazes de transformar a sociedade. E são justamente essas conversações com um potencial transformador que Hernani Dimantas aborda em *Zonas de colaboração: conversas da MetaReciclagem*, analisando os valores difundidos pelos novos tipos de interação proporcionados pela internet, assim como as intervenções sociais que se originam de simples bate-papos na rede.

Uma valiosa referência, para estudantes e interessados na área da comunicação, publicada pelo Senac São Paulo.

Prefácio

Colaboração, participação, rede, conversações, compartilhamento, remixagens, ativismo digital e sociabilidade. Esses são alguns dos mantras que predominam na mídia quando se busca explicar o surgimento de plataformas midiáticas digitais e o fenômeno de formação e abrigo de redes sociais em torno de temáticas em comum e dos mais diversos grupos de sociabilidade.

De um modo mais simples, tamanha é a ênfase dada ao mundo das redes digitais que ficamos com a impressão de que a sociedade contemporânea não teria sentido sem os relacionamentos, as conversas e as manifestações que decorrem de sistemas como o Facebook, o Twitter e os blogs. Talvez – dizem muitos especialistas e também muitos "achistas" –, sem o imenso fluxo de trocas que se estabelecem nesses ambientes digitais, não teríamos assistido a movimentos concretos nas ruas e nas praças mundo afora, demonstrando, de alguma maneira, que os cidadãos possuem voz, opinião e presença decisiva na vida social, política, econômica e cultural de grupos, cidades e países.

Vivenciamos demonstrações de presença social e de contestação diante de poderes constituídos que não mais satisfazem as pessoas, a exemplo da Primavera Árabe, do Occupy Wall Street, dos indignados na Espanha e das recentes expressões sociais brasileiras de junho de 2013, desencadeadas pelo Movimento Passe Livre e ampliadas para uma sucessão de reivindicações latentes.

Vivenciamos tudo isso e muito mais, como se o mundo tivesse se transformado naquela aldeia global preconizada por Marshall McLuhan nos idos dos anos 1960; tivesse se organizado democraticamente pela via da inteligência coletiva do ciberespaço, apontada por Pierre Lévy no *boom* da sociedade digital na década de 1990; tivesse se concretizado com a sociedade informacional intensamente dissecada por Manuel Castells a partir dos anos 2000; e tivesse se configurado em espaços fluidos de sociabilidade, como indicado por Zygmunt Bauman mais recentemente.

Seria possível dizer que esse volume e o impacto dessas transformações sociais tiveram como alavanca principal as redes sociais que circulam pelas plataformas midiáticas hoje acessíveis no ciberespaço? Seria aceitável afirmar que a consolidação da chamada "web 2.0" foi o divisor de águas do cenário global de articulação social? Seria viável incorporarmos ao tecido social atitudes coletivas e colaborativas?

Ao lançar *Zonas de colaboração: conversas da MetaReciclagem*, Hernani Dimantas demonstra, por meio de experiências reais, algumas dessas possibilidades e nos oferece, na medida certa, uma visão sobre o papel das tecnologias digitais no processo de sociabilidade e construção de sentidos em nosso dia a dia, enfatizando o valor da constituição de redes sociais e de suas expressões coletivas, não importando se ocorrem em plataformas *mainstream* ou em ambientes alternativos mais bem adaptados às necessidades interpessoais de comunicação e ação social dos diferentes agrupamentos sociais. O livro vai além do aspecto tecnológico, discutindo a experiência colaborativa em termos concretos: como, por meio de um processo coletivo em rede, as transformações sociais se articulam em campo real.

A experiência da sociedade em rede dos últimos anos confirma que a dinâmica social só se completa ao perpassar suas ações por um espaço fluido e híbrido, movimentando-se entre o digital (o ciberespaço) e o urbano (as ruas, as praças e as manifestações). Falamos de um momento social que transita num ambiente multimodal (ou de múltiplas mídias), viabilizando a construção de espaços autônomos de expressão e de comunicação. O que realmente resulta desse processo é o ato de comunicar, de produzir sentido e significado coletivos, não importando se iniciamos a discussão numa página do Facebook, nos atualizamos pelo Twitter e acabamos nos reunindo fisicamente em algum equipamento urbano.

As experiências relatadas em *Zonas de colaboração: conversas da MetaReciclagem* têm como elemento em comum a aceleração da relação coletiva e comunitária por meio das ferramentas digitais e, como ponto de destaque, os resultados sociais e não instrumentais possibilitados pela ação nesse novo espaço público.

Não é recente a atuação de Dimantas nesse cenário, já que, nos primórdios dos anos 2000, ele assumia a identidade do

Marketing Hacker para disseminar a essência de uma ética inovadora. Seria, portanto, natural que o autor construísse coletivamente o experimento comunitário MetaReciclagem, focando na identificação e na promoção de zonas de colaboração entre os participantes. Não seria ousado afirmar, recorrendo a Manuel Castells, que Hernani Dimantas vem há algum tempo praticando o chamado "contrapoder".

Todas as possibilidades e intervenções criadas pela rede MetaReciclagem, embora pareçam simples práxis, possuem uma sustentação teórico-conceitual construída pelo autor ao longo de sua atuação acadêmica na Universidade de São Paulo, da qual tive o prazer de compartilhar como orientadora de seu doutoramento. Assim, *Zonas de colaboração: conversas da MetaReciclagem* relata essa trajetória, buscando identificar e compreender conceitual e ativamente como se constituíram os agenciamentos culturais e colaborativos entre os participantes, como ocorre em rede o processo de apropriação de tecnologias sociais.

A proposta mais impactante apresentada neste livro é a demonstração evidente de que a sociedade em rede, mesmo digitalizada, tem como sustentação a ideia do múltiplo – projetos, processos de autonomização, fluxos de informação e, principalmente, uma visão de ecossistema social.

A leitura de *Zonas de colaboração: conversas da MetaReciclagem* nos faz refletir sobre estados sociais que poderiam ser similares, mas que, na ação, revelam importantes sutilezas entre o comum, o coletivo, o colaborativo, o compartilhado e o comunitário.

ELIZABETH SAAD CORREA
Professora titular da ECA-USP.

Agradecimentos

A todos os amigos da MetaReciclagem que contribuíram para este livro, especialmente Felipe Fonseca, Daniel Pádua (*in memoriam*) e Glauco Paiva.

A Angela Tijiwa, Drica Guzzi, Celso Goya e o pessoal da Escola do Futuro da USP.

Agradeço à orientação da professora doutora Beth Saad.

Aos professores Henrique Antoun, Sérgio Bairon, Ricardo Teixeira e Mayra Rodrigues Gomes.

Agradeço a minha mãe, Ada Dimantas, a minha tia, Berta Waldman, e a minha irmã, Melanie Dimantas.

Aos meus filhos, Laura e David.

Agradeço, sobretudo, a Cacau Freire pela dedicação na pesquisa.

Introdução

EU SOU O MARKETING HACKER

Há mais de doze anos sou o Marketing Hacker.

Muitas das conversas que acompanhamos na rede tem um toque hacker para se rastrear. Falávamos das conversações num momento em que as redes eram bem mais silenciosas do que estamos presenciando. As emergências das multidões se transformaram em alguns discursos bacanas. Tem até políticos fingindo conversar na rede. O *fake* é marca registrada da cultura de massa. E o spam é sua consequência.

O Marketing Hacker ficou na quietude por algum tempo. Tentei voltar a escrever. Blogar, para mim, se transformou numa tarefa. Preferi delegar para outros blogueiros essa conversa nos bazares. Afinal, falar é fácil, mas falar demais pressupõe uma ação para a qual dar corpo. Dei um tempo para estudar. Flertei com a tradição filosófica espinosana. Fiz um link com a academia. Fui à luta. Cá estou. *La lucha continúa*.

O Marketing Hacker entrou no debate da inclusão digital. OK... eu sei que essa expressão não explicita exatamente o sonho hacker. A expressão correta deveria pressupor a apropriação das tecnologias sociais. Ou das redes e mídias sociais. Estamos livres para quebrar os padrões. Livres para protagonizar a nossa existência. Livres para sonhar.

Marketing Hacker é uma zona autônoma temporária (TAZ). Foi criado pelos idos de 2000. Nos tempos em que a internet ainda era moleca (a velha internet bem jogada). Quem anunciava a emergência era uma nova geração de comunicadores que não precisava de permissão para falar. As conversas que rolam nas redes têm a ver com as próprias redes em que estão inseridas. As conversas acontecem em guetos, comunidades, espaços informacionais ou, se preferir, podemos chamar de blogs, Twitter, Facebook, YouTube. Faça como quiser. Marketing Hacker é a minha voz.

Estamos na era do conhecimento. Numa sociedade baseada no fluxo das informações, não mais na quantidade de bens produzidos. Nesse cenário, um novo sistema começou a florescer fundamentado na utilização da tecnologia. Os hackers estão moldando um novo contrato com a sociedade. Hackers creem que a revolução digital deve ser traduzida em um tempo lúdico para a humanidade. Acreditam no conhecimento livre. Os hackers somos nós: habitantes do planeta Terra. Os que vivem nas esquinas, os que estão fora da lei.

O meu interesse foi entender e discutir as mudanças que a internet estava introduzindo no mundo dos negócios e na área de marketing. Havia um descompasso entre as práticas apoiadas em conceitos da comunicação de massa e as propostas comunicativas das novas linguagens, práticas e possibilidades advindas do uso dos novos meios digitais. Esse *gap* ainda persiste. As instituições não perceberam que não dão mais as cartas. As estratégias *top-down* estão sendo substituídas, cada vez com mais rapidez, pela complexidade do *bottom-up*.

O Marketing Hacker é sobre essa organização emergente. Sob a influência da ética hacker e da cultura de escovar bits, a penetração do movimento *open source* na área do conhecimento. No jargão hacker, a ética traduz a crença de que o compartilhamento da informação é um poderoso e positivo bem. Na prática, isso significa um dever ético de trabalhar sob um sistema aberto de desenvolvimento, no qual cada um disponibiliza a sua criação para outros usarem, testarem e continuarem o desenvolvimento.

Juntar marketing com a palavra *hacker* é uma heresia descabida. Marketing são negócios, um exército de pessoas que querem enfiar produtos goela abaixo do consumidor. A estratégia de marketing não pode ser mais a mesma. E-mail marketing, banners e outras formas de propaganda não têm relevância significativa e isolada numa estratégia on-line. Mas nem isso está sendo feito com êxito. E-mail marketing vira spam. E banners somem da vista do internauta.

Marketing digital exige responsabilidade e ética. E mais, é função inequívoca da participação das empresas nos mercados. Entenda essa participação como uma comunidade de pessoas em torno de um interesse comum, numa busca constante de aprendizagem e troca de informações pertinentes.

Essa tem sido a proposta do Marketing Hacker: a maior interação entre e intracomunidades de interesse, aproveitando o fluxo de ideias para incentivar a criatividade e ordenar o caos em redes de inteligências coletivas. Mas, para isso acontecer, a comunidade tem que participar e promover o seu próprio desenvolvimento. As pessoas podem se engajar em projetos que as afetam e que despertam seus interesses.

As empresas insistem em focar os mercados como vendedores e consumidores. Essa bipolaridade não existe mais. Somos concomitantemente vendedores e compradores. As pessoas que habitam os mercados digitais não pensam apenas em comprar. Elas querem agregar valor à própria vida e enfrentar os mercados criando reputação na contramão dos conceitos tradicionais.

Fiquei sete anos tentando fazer desse sonho uma realidade para milhões de pessoas. Na Escola do Futuro da Universidade de São Paulo, coordenei um dos maiores programas de inclusão digital do Brasil. E os resultados foram maravilhosos. Conseguimos mudar o paradigma do acesso aos computadores para algo muito próximo da proposta hacker. A rede de projetos do Programa Acessa São Paulo, que desenvolvemos junto aos monitores dos centros de acesso à internet em todo o estado de São Paulo, baseou-se na apropriação das tecnologias para a transformação social. Um caso de sucesso do qual me orgulho por ter protagonizado.

Mas tive meus percalços. O predomínio da visão ferramentista e estruturante continua com seu papel idolatrado. Cresce na esteira de ferramentas, e delas surgem discursos complicados. Porque se, de um lado, promete-se fazer o bem, do outro, promove-se uma rede de intrigas e disputa de poderes no âmbito das políticas públicas de inclusão digital. E, disso, me cansei.

Por alguns tempos, achei que não mais valeria a pena escrever sobre minhas visões acerca da multidão hiperconectada. Acho que o momento não é mais de ruptura. A cultura de rede já dominou. Estamos na fase da prática. Do fazer. Da gambiarra.

Comecei há muito tempo a prática de compartilhar minhas reflexões sobre a internet genuinamente brasileira. Quando escrever era metáfora de participação e conversas. Em tempos de Facebook, as conversas aparecem de outras maneiras. Não é necessário muita elucubração. A rede se faz permanente no link. Atualmente, às vezes, me sinto um hacker ocioso. Um ócio provocado pelo crescimento de uma rede de agenciamentos que me permite descansar em berço esplêndido.

Não preciso ser trovador da mais louca utopia. As pessoas compartilham essas ideias como memes autoviralizadas. Uma multidão que faz do paradoxo um outro paradigma. Liberdade, reputação, colaboração, compartilhamento, desterritorialização e conectividade são palavras que ganharam nossos corações e nossas mentes. Não mais é preciso explicar. Apenas a prática vai nos levar a enxergar as benesses desse novo mundo. A prática de lidar com o desconhecido, com a aproximação conversacional, com a liberdade de cocriação, com a autonomia, com a anarquia de se viver em rede. Falar dessa prática é muito complexo, uma vez que ela esbarra na "mentira nossa de cada dia". É por isso que parei de falar. Resolvi praticar.

De certa maneira, essa prática leva-me a entender o contemporâneo de forma heterodoxa. Não fico empolgado ao observar como as pessoas estão se organizando em rede, pois essa ideia nos remete a entender como as empresas, os políticos e grupos de pessoas sem critérios transparentes têm se valido das interações informativas para se dar bem. Uma constante de intenções que se confundem nos gestos. Prefiro tentar entender essa revolução sob o ponto de vista de como as redes conseguem se desorganizar. Um ponto de vista caótico, mas que tem muito mais a ver com a lógica do compartilhamento. Pensar sobre rizoma, autonomia e outros adjetivos relacionados à potencialização do ser humano no "estado de multidão" pode desmontar as peripécias daqueles que querem estruturar a sociedade sob algum ponto de vista diferente da auto-organização. Uma aposta na cauda longa. É só deixar a transparência desvelar as espessas camadas do capitalismo. Digo isso porque a distribuição em rede corrói as velhas instituições. Na prática, o que vigora são as tentativas hollywoodianas de criminalizar quem sabe fazer download de conteúdos da internet, conteúdos esses desautorizados pela falida lei do *copyright*. Felizmente, na rede somos todos criminosos.

Na rede, essa prática já foi compartilhada. A luta para manter a conquista está na ponta da língua da garotada. O compartilhamento pode ser entendido como estratégia de contrapoder. É nesse ponto que a cibercultura se traduz em ações de gambiarra: criar com aquilo que se tem nas mãos, ou com aquilo que você pode buscar de maneira autônoma na rede. É possível destrinchar o estado da arte das experimentações, em que a única concessão está em deixar fazer você mesmo.

Sigo remixando, copiando e colando, buscando nos links ideias que me fazem mais feliz.

A CATEDRAL E O BAZAR

Como posso entender ou talvez explicar as nuances do ciberespaço? Faz pouco tempo, as pessoas ainda confundiam esse espaço informacional com algo passageiro, sem muita importância. Pouco compreendiam sobre esse momento de ruptura. Uma nova tecnologia social desponta como um estilo de vida. O Facebook engloba muitos milhões de pessoas. É um conglomerado maior que a maioria dos países do mundo.

Venho pesquisando sobre rede sociais há bastante tempo. Desde quando as redes sociais ainda eram uma promessa. Comunidades passaram a fazer sentido nesse universo. As pessoas começaram a conversar entre si sobre experimentações diversas. A ideologia por traz do software livre se dá por meio do estofo prático e teórico, culminando na explosão de muitas comunidades de desenvolvedores. Essa explosão também aconteceu em outras áreas do conhecimento.

Pesquisar é fazer escolhas e recortes. Escolhi pesquisar o MetaReciclagem, uma comunidade de pessoas interessadas em debater a internet brasileira, que ajudei a fundar em

2002. Em primeiro lugar, de que pesquisa estamos falando? Pensamos aqui em hipóteses para observação da ação em rede e nas possibilidades de se debater essa ação coletiva em torno de um interesse comum. Para isso, retomamos o exemplo de *A catedral e o bazar*, que partiu de uma experiência de colaboração em rede no desenvolvimento de software, por Eric Raymond, no fim dos anos 1990.

Eric Steven Raymond, conhecido também como ESR, é um famoso hacker e escritor. *A catedral e o bazar* é o seu principal trabalho intelectual. Raymond tornou-se uma voz de destaque no movimento *open source* e foi cofundador da Open Source Initiative, em 1998, assumindo o papel autonomeado de "embaixador dos códigos abertos". No decorrer de sua história, teve um papel fundamental no processo de liberação do código-fonte do Mozilla (então Netscape) em 1998.

Raymond tem sido frequentemente citado como porta-voz extraoficial do movimento *open source*, mantenedor do Jargon File, mais conhecido como *The Hacker's Dictionary*. Trata-se de um ícone do movimento *open source* e do software livre, responsável pela famosa frase: "Havendo olhos suficientes, todos os erros são óbvios".

A grande dúvida do autor de *A catedral e o bazar* surgiu com uma postura bastante cética sobre o estilo Linux de desenvolvimento. Tendo participado do desenvolvimento do Unix e de outros códigos abertos por dez anos e sendo um dos primeiros a contribuir para o projeto GNU, em meados dos anos 1980, Raymond acreditava que os softwares mais importantes, como sistemas operacionais e ferramentas grandes, precisavam ser construídos no modelo/estilo catedral: envolvendo pequenos grupos, com isolamento total da equipe e não permitindo a liberação de modelo beta antes do tempo.

Diante desse modelo "calmo e respeitoso" de desenvolvimento, o Linux parecia um "grande e barulhento bazar", no qual, a todo o momento, inúmeros desenvolvedores emitiam informações sobre inovações e modificações no código, compartilhando uns com os outros. Na opinião de Raymond, só uma "sucessão de milagres" poderia fazer com que essa forma de trabalhar fosse capaz de gerar um sistema coerente e estável.

A mudança aconteceu em decorrência de um projeto bem-sucedido de código livre, o Fetchmail. Esse software foi executado como um teste deliberado de algumas teorias sobre a tecnologia de programação sugerida pela experiência de compartilhamento de conhecimento proveniente do Linux. A experiência de colaboração e troca de conhecimento na rede proporcionou a Raymond a discussão "nos termos de dois estilos fundamentais diferentes de desenvolvimento, o modelo 'catedral' da maior parte do mundo comercial contra o modelo 'bazar' do mundo do Linux" (Raymond, 1999, p. 1). Comparando esses dois estilos de desenvolvimento, Raymond percebeu que

> Liberações novas e frequentes são uma parte crítica do modelo de desenvolvimento do Linux. A maioria dos desenvolvedores (incluindo eu) costumava acreditar que essa era uma má política para projetos maiores que os triviais, porque versões

novas são quase por definição cheias de erros e você não quer acabar com a paciência dos seus usuários.

Essa crença reforçou o compromisso de todos com o estilo de desenvolvimento catedral. Se o principal objetivo era o de usuários verem menos erros quanto possível, por que então você iria somente lançar um em cada seis meses (ou frequentemente menos), e trabalhar como um cachorro depurando entre as liberações. (Raymond, 1999, p. 6)

Foi a necessidade de liberar cedo o código que desenvolvia para que outros pudessem depurá-lo que fez com que Raymond experimentasse a potência do conhecimento comum e das conversações em rede. O estilo de Linus Torvalds de desenvolvimento – "libere cedo e, frequentemente, delegue tudo o que puder, esteja aberto ao ponto da promiscuidade" – veio como uma surpresa. O fato de o estilo bazar parecer funcionar, e funcionar bem, veio como um choque. Como proposta experimental, Raymond fez uma inserção de seu próprio código na rede e, por meio dessa ação e do sucesso nas transformações do Fetchmail, chegou à seguinte conclusão: "Qualquer ferramenta deve ser útil da maneira esperada, mas uma ferramenta verdadeiramente 'boa' leva, ela própria, a usos que você nunca esperou" (Raymond, 1999, p. 13).

Ao mencionar esse fato, o autor mudou sua opinião inicial sobre o processo de colaboração entre as pessoas, ressaltando o seu caráter funcional de sucesso e não de caos. Pessoas conversando e colaborando com pessoas: esse é o modo de funcionar e produzir na rede. É preciso saber jogar o "jogo do Linus", amplificando para outras áreas do conhecimento essa ação colaborativa, por meio da construção de comunidades efetivas e voluntárias de interesse. Raymond chama essa prática de movimento de cultura de "código aberto":

> Talvez no final a cultura de código aberto irá triunfar não porque a cooperação é moralmente correta ou a "proteção" do software é moralmente errada (assumindo que você acredita na última, o que não faz tanto o Linus como eu), mas simplesmente porque o mundo do software de código fechado não pode vencer uma corrida evolucionária com as comunidades de código aberto podem disponibilizar o tempo e as habilidades (das pessoas) em ordens de magnitude focadas num problema. (Raymond, 1999, p. 19)

Experiência similar foi desenvolvida neste trabalho. O objetivo foi fazer uma intervenção no movimento do MetaReciclagem, identificando as zonas de colaboração entre as pessoas. A intervenção partiu da proposta de apresentar aos membros do movimento uma oportunidade para a *metarreflexão* sobre as zonas de colaboração desenvolvidas desde 2002. O desafio foi trazer à tona a memória das interações e das conversas ao longo desses onze anos de convivência, confrontando-as com as novas caras que o MetaReciclagem vem adquirindo no cenário brasileiro de inclusão digital, por meio de suas ações, conquistas e falhas; com as novas ideias, por meio da participação de pessoas que não param de chegar à lista, mesmo após os anos em que continua vigorando, e por meio do movimento daqueles que deixaram as discussões em silêncio, sem se despedir. Falta ainda mencionar os colegas que se tornaram referências para todos nós, que forjaram suas próprias memórias. De onde agora habitam, eles nos observam e riem das nossas preocupações em suas instâncias supramateriais. A esses, talvez seja dado o dom de observar todas as zonas de colaboração que já foram construídas entre nós, conhecendo profundamente a impermanência do movimento que estamos prestes a esboçar.

TECNOLOGIA É MATO

Tecnologia é algo difícil de entender. Com hardware, então, podemos até brincar. Não é tão complicado construir uma placa dedicada. É bem tranquilo programar num Arduíno. É legal. Para quem gosta, é tudo de bom. Mas o que nos interessa da tecnologia é que ela tem ajudado a criar mundos. Há pouco tempo, algumas pessoas acreditavam em dois universos. O virtual não havia conquistado o *status* de real. Hoje, essa discussão não é mais latente. Entendemos que a sociedade está conseguindo se organizar com uma estratégia diferente. O discurso padrão já traz palavras como colaboração, *crowdsourcing* e, muitas vezes, também anarquia e liberdade. Mas, por enquanto, tratar da ruptura entre o "virtual" e o "real" no cotidiano é quase uma missão impossível. A meu ver, trata-se de uma questão geracional que, em algumas décadas, estará cem por cento resolvida.

Nesse sentido, o que mais me interessa é o aspecto social que as ferramentas proporcionam. De certa forma, a internet é biônica. Cabos, modems, placas fazem parte dessa parafernália. É uma extensão do cérebro humano, que artificialmente incrementa a capacidade de processar o conhecimento. Podemos armazenar muito mais informação e, parafraseando McLuhan, utilizar as máquinas como extensão do homem.

    A tecnologia é uma ferramenta que nos ajuda a nos organizarmos em sociedade. Eu creio que a internet, nas suas origens mais longínquas, foi desenhada para o controle, para a defesa militar dos Estados Unidos. O canal de controle é muito poderoso. A hierarquia de acesso aos dados é muito difícil de ser desmontada. O valor da rede são as suas informações. O *Zeitgeist*, o espírito do tempo, que nos faz entender o momento.

    Foram os hackers que criaram uma tecnologia livre que conecta pessoas, diminuindo as distâncias e expandindo as conversas. Ocupamos o espaço das informações. O conhecimento se descola e se abre. O conhecimento quer ser livre.

    A tecnologia se espalha a ponto de ficar transparente. Daniel Pádua, amigo metafórico e metareciclerio, conhecido como o imaginante das redes livres, costumava dizer que "a tecnologia é mato", o importante são as pessoas. Esse conceito permeia a rede MetaReciclagem como um ponto de partida para ações. Salve, @dpadua!

    As redes sociais são a contradição desse sistema de controle, facilitando a ruptura dos paradigmas por meio da colaboração. Falo de experiências como a do software livre, que proporcionaram uma forma de colaboração em que a liberdade é a regra, principalmente a liberdade de compartilhar qualquer produção na rede. Fazemos o que temos vontade. A experiência de fazer potencializa a curiosidade de querer pesquisar, trocar, compartilhar, ensinar e aprender. O Linux foi criado só por prazer. É assim que se faz. Experimente!

Em longo prazo, o maior efeito social dessa tecnologia vai além da eficiência quantitativa de se fazer as coisas de maneira mais rápida e barata. O maior potencial de transformação da rede está em conectar pessoas. É a chance de fazer novas coisas juntos, um potencial de cooperação em escalas que antes não era possível. Por isso, *a limine*, a afirmação de que internet não tem nada a ver com computadores. Tem a ver com pessoas. De nada adianta criar programas incríveis, desenvolver tecnologias de bolso ou quaisquer outros aplicativos se as pessoas não estiverem vivendo, convivendo e participando desse lugar feito de cabos, silício e wireless.

A internet depende da tecnologia para crescer e florescer. Mas não é pelo viés da tecnologia que podemos pensar e explicar a revolução digital. As tecnologias são meios. Meios de translação, de comunicação e de interação, no sentido de que nos possibilitam transitar e viver entre diferentes ideias, culturas, informações e conhecimentos.

APROPRIAÇÕES TECNOLÓGICAS

As apropriações tecnológicas encontram-se inseridas no contexto da inclusão digital no Brasil. Observá-las é priorizar um olhar sobre as zonas de colaboração, a exemplo do movimento ou da rede de pessoas denominado MetaReciclagem,[1] uma rede que teve início em 2002 por meio de uma lista de

---

[1] MetaReciclagem, disponível em http://rede.metareciclagem.org/. Acesso em 6 set. 2013.

discussão que visava propiciar debates a respeito da internet no Brasil e apresentar uma metodologia de apropriação social da tecnologia que poderia ser utilizada e replicada em diferentes contextos sociais. A rede MetaReciclagem envolveu a participação de ativistas, filósofos, comunicadores, programadores, mas principalmente de pessoas comuns interessadas em aprender e discutir sobre a inclusão digital. Os fundadores do movimento já possuíam a experiência de compartilhar conhecimento adquirida no projeto Metá:Fora.[2]

A rede MetaReciclagem propôs o desenvolvimento de projetos independentes voltados para educação, tecnologia, arte e design, diante da necessidade de uma estrutura tecnológica livre e autônoma, por meio da desmistificação e da apropriação tecnológicas. Como bem definiu Rosas, seus princípios são:

> [...] de reapropriação tecnológica, desmistificando a máquina-
> -computador como um quebra-cabeças simples, que deve ser
> aberto e exposto, promovendo o intercâmbio de ideias e a coo-
> peração; do software livre, por entender o conhecimento como
> um bem coletivo, apropriável; e a descentralização integrada,
> por meio de listas de discussão, perfazendo a troca de co-
> nhecimento e oportunidades entre os membros dos diversos

---

2 O projeto Metá:Fora teve início a partir de uma simples lista de discussão de um grupo de pessoas com muita vontade de compartilhar o conhecimento, numa conversa descompromissada na internet que pretendia a criação de um canal de pesquisa sobre comunicação, internet, filosofia e cibercultura. O Metá:Fora é um projeto aberto, baseado nos conceitos do software livre e da liberação dos códigos. Projeto Metá:Fora, disponível em http://www.marketinghacker.com.br/index.php?itemid=2367. Acesso em 31 maio 2009.

esporos do projeto. Além disso, a possibilidade de replicação do modelo e a valorização da autonomia e do aprendizado fazem do MetaReciclagem, sobretudo, um facilitador da troca de ações, de disseminação por meio do compartilhamento social das ações. (Rosas, 2007)

Mais de uma década depois, a MetaReciclagem permanece até hoje como uma zona de colaboração na qual a potência da apropriação do conhecimento por meio das ferramentas de conversação parece ser algo possível de se observar e intervir. Isso se deu por meio de uma rede distribuída que atuou, de maneira descentralizada e aberta, no desenvolvimento de ações de apropriação de tecnologia. Começou como um processo que permitia reaproveitar materiais por meio do recondicionamento de computadores, beneficiando a sociedade desonerando os cofres públicos e incentivando o processo de conscientização ambiental e inclusão digital. Assim, as tecnologias digitais permitiram a inclusão social de jovens de periferias e contribuiriam para o processo de aprendizagem e valorização da criatividade e das habilidades.

A rede começou em São Paulo em parceria com a ONG Agente Cidadão, como um projeto de captação e remanufatura de computadores usados que posteriormente eram distribuídos para projetos sociais de base. O movimento sempre teve por base a desconstrução do hardware, o uso de software livre e de licenças abertas, a ação em rede e a busca por transformação social. Desde seu início, a rede teve a oportunidade de atrair centenas de colaboradores e influenciar a criação e a implementação de diversos projetos de grande alcance. Recebeu menções honrosas no Prix Ars Electronica 2006 (categoria Digital Communities) e o Prêmio APC Betinho de Comunicação em 2005, sendo listada como pré--selecionada no Prêmio APC Chris Nicol de Software Livre em 2007. Em 2009, foi contemplada com o Prêmio Mídia Livre, do Ministério da Cultura, em razão do intercâmbio com a plataforma Waag-Sarai (Holanda-Índia). Nessa época, a MetaReciclagem passou a se definir não mais em função de um grupo que reciclava computadores, mas uma rede aberta que promovia a desconstrução e a apropriação de tecnologias.

MetaReciclagem é, sobretudo, uma ideia sobre a reapropriação de tecnologia em busca da transformação social. Esse conceito abrange diversas formas de ação: da captação de computadores usados e da montagem de laboratórios reciclados usando software livre até a criação de ambientes de circulação da informação pela internet, passando por todo tipo de experimentação e apoio estratégico e operacional a projetos socialmente engajados.

No entanto, essa ideia, *a priori* com a intenção de reciclar máquinas para realizar ações em rede, algumas bastante experimentais, foi, ao longo do tempo, definindo outras ações. O processo de criar e recriar coisas (sejam "novas" ou "velhas"), remexendo e fuçando em tudo (de computadores a sentimentos, passando pelos preconceitos) e compartilhando novas ideias, resultou na conscientização de que qualquer pessoa é capaz de criar e colaborar em ações, produções e experiências que, de alguma maneira, resultam em transformação social.

Uma das formas mais atuantes da MetaReciclagem ao longo dos anos ocorreu por meio da frequente realização de oficinas e instalação de laboratórios em comunidades com poucos recursos de acesso às tecnologias de informação e comunicação (TICs). Além da proposta de lidar com as máquinas em si (montagem/desmontagem e reaproveitamento de computadores), a rede MetaReciclagem apresentou um veio artístico importante, configurando-se como o canal de comunicação mais eficaz da ação de apropriação nas comunidades com as quais esteve em contato. Essa proposta ou inovação surgiu com o trabalho do artista Glauco Paiva, que ingressou no MetaReciclagem em 2003.

A partir daquele momento, era possível não apenas montar o próprio computador, adquirindo e compartilhando o conhecimento, como também redecorá-lo, pintando as CPUs, os monitores e as demais peças. A princípio, esse parecia ser um movimento singelo. Contudo, a ação de apropriação passou do ato de transformar peças de cores cinza, frias e com algum sentido, não mais em uma simples ferramenta ou computador que poderia ser reutilizado, mas em algo novo, diferente, em novas ferramentas, únicas, criadas pelos usuários e participantes das oficinas em uma produção subjetiva.

Rosas observou que:

> Ao estimular a pintura das carcaças das CPUs e monitores por parte dos participantes, com suas próprias temáticas pessoais ou comunitárias, bem como promovendo o conhecimento do mecanismo e estrutura interna das máquinas, sua reciclagem

e manutenção, o MetaReciclagem não apenas compartilha socialmente um conhecimento e propicia uma intimidade antes pouco aventada em relação a computadores, como "redesenha" a própria noção de "inclusão digital", cuja abordagem por parte de certas estratégias de governos locais de desenvolvimento social no Brasil poucas vezes atentou para detalhes mais subjetivos daqueles que acessariam essas máquinas ou mesmo que o conhecimento de sua estrutura interna, funcionamento ou reciclagem poderia gerar novas possibilidades profissionais ou similares. (Rosas, 2007)

ESPOROS

Um esporo é a definição, construída colaborativamente, para espaços autogestionados de referência, desenvolvimento e replicação, fruto da rede MetaReciclagem. Esses espaços não precisam necessariamente de um local físico para se constituir. Entretanto, observamos o registro de esporos em diversas localidades do Brasil. Essas localidades foram documentadas pelo próprio movimento MetaReciclagem. O foco dos esporos não é o uso efetivo de estruturas metarecicladas para a criação de redes sociais, mas o planejamento, a pesquisa e a experimentação relacionados a estruturas da rede MetaReciclagem. Um esporo precisa seguir alguns princípios estabelecidos pelo coletivo, entre eles: auto-organização e autonomia (descentralização), conhecimento livre, hospitalidade e convivencialidade, infrafísica aberta, documentação em rede, generosidade, dinamismo, ímpeto criador e socialização de cultura. Pode parecer quase impossível, de início, agrupar todos esses princípios em um único movimento, mas eles foram observados com base nas extensões emergentes que aconteceram ao longo de onze anos.

Em todo o Brasil, até o ano de 2010, foram registrados no site da MetaReciclagem 23 esporos cadastrados, alguns já com *status* de projetos encerrados. A vida útil de um esporo depende de suas condições contextuais e culturais, não obedecendo a metas gerais, mas a condições específicas de cada região ou proposta de trabalho a ser desenvolvida.

É importante mencionar o surgimento das iniciativas de esporos principalmente em razão da metodologia de replicação proposta pela rede MetaReciclagem. Trata-se da possibilidade de abertura para outros tipos de projeto capazes de atuar como esporos. Essas iniciativas podem ser consideradas resultantes das zonas de colaboração e do movimento de conversação na MetaReciclagem.

CONECTAZES

De acordo com Daniel Pádua, a conecTAZ é uma maneira de descrever como a MetaReciclagem cria e ocupa espaços de acesso e compartilhamento de conhecimento. Diferentemente dos primeiros modelos de telecentro, a conecTAZ não objetiva somente o acesso à internet. Trata-se de uma intervenção que visa à dinamização de redes sociais e conversas, à troca de conhecimento e mobilização com base na utilização crítica de software livre e com a intenção de gerar conhecimento livre.

ConecTAZes podem ser permanentes, temporárias ou móveis. O que diferencia uma conecTAZ de um esporo é o fato de que a primeira não precisa de um espaço fixo e permanente para acontecer. Em outras palavras, uma conecTAZ é qualquer projeto ou iniciativa que tenha como objetivo mobilizar pessoas com interesses em comum para atuar com apropriação de tecnologia, mas sem ansiar por existência fixa e permanente. A necessidade do espaço físico pode vir posteriormente, como decorrência de ações ou ideias.

INTERVENÇÃO

Ao nos concentrarmos na rede MetaReciclagem como uma máquina comunicativa e um espaço em que centenas de pessoas, por meio de ferramentas de comunicação on-line, adquirem a possibilidade de conviver em um ambiente de zonas de colaboração, podemos observar o império da conversação e do caos, de ecos, concordâncias, discordâncias e repetições.

Observando os rumos do movimento com base nas conversas na internet, desde o seu plano de ação inicial, é possível considerar essa análise como uma proposta de intervenção e de metarreflexão nos moldes de uma pesquisa-ação. De acordo com Le Boterf,

> uma das características da PA [pesquisa-ação] consiste no fato de que seu dispositivo, concebido de acordo com a sua dimensão social, estabelece uma rede de comunicação no nível da captação de informação e de divulgação. A PA faz parte

de um projeto de ação social ou da resolução de problemas coletivos. (Le Boterf, 1999, p. 84)

Outra característica da pesquisa-ação, de acordo com Thiollent (2007), é o forte vínculo ou envolvimento do pesquisador com a proposta de intervenção acionada. Em relação a essa postura, é favorável considerar que o distanciamento é possível e necessário (objeto de vigilância epistemológica) pelo pesquisador participante, que não se torna, de maneira alguma, imune às tendências e às ideias expressas no movimento de investigação proposto pelo método. Entretanto, por meio da capacidade de organizar um conhecimento teórico advindo da experiência de intervenção e formular explicações ou interpretações dos fatos observados, a pesquisa-ação engloba uma reflexão coletiva sobre a intervenção proposta, por meio de depoimentos de seus participantes, que retorna com uma avaliação da atuação na realidade.

O primeiro momento no movimento da pesquisa-ação aconteceu em 2002, ano em que os membros da rede deram início às discussões presenciais e pela internet sobre os processos de inclusão digital no Brasil. Por meio dessa prática de experimentação, foi possível levantar propostas de ação e desenvolver projetos com base nas reflexões e nas soluções apresentadas. Procurei observar de que forma o processo de comunicação na rede MetaReciclagem constituiu-se em zonas de colaboração entre os participantes e como resultaram em ações de intervenção em situações e contextos sociais no Brasil.

No nosso caso, levantei, de início, algumas suposições: na rede de zonas de colaboração por meio de ações comunicativas, a criação se configurou como um rizoma no processo de apropriação da tecnologia social; as características da rede (multiplicidade, compartilhamento de informações, produção de subjetividade) foram capazes de gerar transformações e intervenções em situações sociais por meio de agenciamentos coletivos; a evolução das conversações oriundas da web resultou em potência para intervir em situações sociais.

Vou me valer de diversas artimanhas de pesquisador. Por um lado, estou apoiado numa construção teórica bastante original que venho desenvolvendo desde 1998 em incursões nos porões da internet. E, por outro, vou perguntar para os participantes da MetaReciclagem o que eles identificam como zonas de colaboração no movimento.

A primeira bricolagem

E SOBRE OS *CLUETRAINERS?*

David Weinberger é a minha referência de como entender a web. O *Manifesto Cluetrain*[3] ainda é a melhor expressão daquilo que hoje chamamos de "web 2.0". Eu adoro ler o blog do David, principalmente quando ele abre o debate sobre o significado do impacto da web na sociedade. O post "Does Participatory Culture Lead to Participatory Democracy" traz uma lógica interessante: o agenciamento cultural como catalisador de uma democracia participativa. Um evento inexorável? Ou não? Isso é o que vamos ver com o tempo (cada vez mais curto...).

> Não é óbvio que, só porque estamos participando mais de nossa cultura, a nossa democracia também vai mudar. Certamente, a política e a cultura não são reinos distintos. Por isso, nossas expectativas sobre um deve afetar o outro.

---

3 *O Manifesto Cluetrain*, disponível em http://www.cluetrain.com/portuguese. Acesso em 5 set. 2013.

Mas não necessariamente. Tome como exemplo alguns objetos prototípicos de participação cultural. O que você escolheria? Wikipédia? Blogosfera? Compartilhamento de arquivos? Second Life? Delicious.com? Assignment Zero? Qual é a nossa participação nesses objetos e o que a participação nos ensina? Ensina muito sobre o que é política? E a mudar nossa maneira de dar aulas? Por exemplo, a Wikipédia nos ensina – bem, aqueles de nós que acreditam que a Wikipédia é incrível – que as autoridades credenciadas não são as únicas que podem ser confiáveis. Mas isso se aplica além de enciclopédias já construídas? Isso afeta a nossa visão de, digamos, especialistas em política no governo? O que estamos aprendendo e como se aplica? Eu não tenho respostas para essas perguntas. Eu não estou entrando com uma hipótese. Eu estou esperando que você veja e lembre-se de que Henry Jenkins, Lawrence Lessig e Yochai Benkler também têm algo a dizer sobre o tema. E quem mais? (Weinberger, 2007b)

HACKERIZAÇÃO

Agora este é o meu mundo, o mundo de elétrons e botões, a beleza da transmissão em bytes por segundo. Nós fazemos uso de um serviço que deveria ser acessível e barato se não fosse dominado por aproveitadores e especuladores capitalistas, e vocês nos chamam de criminosos. Nós exploramos o conhecimento... e vocês nos chamam de criminosos. Nós corremos atrás do saber, e vocês nos chamam de criminosos. Nós existimos sem cor, sem nacionalidade, sem religião, e vocês

> nos chamam de criminosos. Vocês constroem bombas atômicas, vocês fazem guerras, vocês matam, trapaceiam, corrompem e mentem para nós e tentam nos fazer crer que é para nosso bem, e nós é que somos os criminosos?
> Sim, eu sou um criminoso. Meu crime é a curiosidade.
>
> (Manifesto Hacker, 1986)

Cada vez mais, a sociedade é mediada pela beleza da transmissão em bytes por segundo. Assim como as diversas manifestações culturais do século XXI. Nesse cenário, um novo sistema começou a florescer. Fundamentados na utilização da tecnologia, os hackers estão moldando um novo contrato com a sociedade. A revolução digital tem sido traduzida como uma ruptura importante no modo como estamos nos organizando.

A cultura hacker teve origens no Massachusetts Institute of Technology (MIT), nos Estados Unidos, em meados da década de 1960, e em outros laboratórios norte-americanos, como o Xerox Palo Alto Research Center (Parc). Influenciada pela cultura *hippie*, a cultura hacker se construiu com uma visão de compartilhamento, de trocas, de conversas. As zonas de colaboração surgiram com base nessa visão. Inseridos na ética hacker estavam "os caras" do software de código livre, do GNU-Linux, do Bell Labs, do MIT AI Lab, do UC Berkeley, que inauguraram inovações lendárias e ainda fortes. Linux foi o primeiro projeto a fazer um esforço consciente e bem-sucedido ao utilizar o mundo inteiro como sua reserva de talentos.

Disse Eric Raymond a respeito do Linux:

> Eu não acho que seja uma coincidência que o período de gestação do Linux tenha coincidido com o nascimento da World Wide Web, e que o Linux tenha deixado a sua infância durante o mesmo período em 1993-1994 que viu a expansão da indústria de ISP e a explosão do principal interesse da internet. Linus foi a primeira pessoa que aprendeu como jogar com as novas regras que a onipresente internet fez possível. Embora uma internet barata fosse condição necessária para que o modelo do Linux evoluísse, eu penso que não foi uma condição por si só suficiente. Outro fator vital foi o desenvolvimento de um estilo de liderança e conjunto de formalidades cooperativas que permitiria aos desenvolvedores atrair codesenvolvedores e obter o máximo suporte do ambiente. (Raymond, 1999, p. 17)

A cultura hacker se expressa por meio da apropriação da tecnologia. As redes sociais são herdeiras das comunidades virtuais, da cultura compartilhada. Programadores, *experts* e gurus se misturam à própria rede. Os hackers têm construído a internet. Fizeram do sistema operacional Unix o que ele é hoje. Hackers fazem a World Wide Web funcionar. São os caras do Linux, do Software Livre, do MetaReciclagem, da cultura digital. Se você é parte dessa cultura, provavelmente também é um hacker.

A internet é a obra-prima hacker. Contudo, esse movimento não ficou restrito à arena tecnológica, uma vez que ser hacker independe do conhecimento inerente à computação. Faz mais sentido pensar no artífice, na criatividade do ser humano catalisada pela digitalidade da rede. Hackers resolvem problemas e constroem coisas acreditando na liberdade, na generosidade e na colaboração. No jargão hacker, a ética traduz a crença de que o compartilhamento da informação é um poderoso e positivo bem. Na prática, isso representa um dever ético de trabalhar sob um sistema aberto de desenvolvimento, no qual cada um disponibiliza a sua criação para outros usarem, testarem e continuarem o desenvolvimento. É uma questão de atitude. Para ser hacker, você tem que se comportar de acordo com essa atitude. Você precisa realmente acreditar nessa atitude e saber que:

1. O mundo está repleto de problemas fascinantes esperando para serem resolvidos;
2. Não se deve resolver o mesmo problema duas vezes;
3. Tédio e trabalho repetitivo são nocivos;
4. Liberdade é uma coisa boa;
5. Atitude não substitui competência.

A cultura hacker se baseia fundamentalmente em reputação. Você tenta resolver problemas interessantes. Mas quão interessantes eles são? As soluções são realmente boas? Isso é algo que somente pessoas iguais ou tecnicamente superiores a você serão normalmente capazes de julgar.

Em rede, vivemos um jogo de relações. No jargão, no jogo do hacker se marcam "pontos" quando as habilidades são colocadas em rede. Na web, existir é ser visto, principalmente para que outros hackers apreciem suas habilidades e seus talentos (você não é hacker até que outros hackers o chamem de hacker). A imagem da mídia é obscurecida pela imagem do nerd solitário. Trata-se de um tabu hacker cultural admitir que o ego e a aprovação externa estão envolvidos na motivação de alguém.

A cultura hacker é o que os antropólogos chamariam de "cultura de doação": você ganha *status* e reputação não por dominar outras pessoas, nem por ser bonito, nem por ter coisas que as pessoas querem, mas, sim, por doar coisas, especificamente por doar seu tempo, sua criatividade e os resultados de sua habilidade.

Pekka Himanen define-se como um filósofo e um intelectual público. Mesmo sendo autor de diversos livros de filosofia da tecnologia e uma espécie de guru de executivos, acadêmicos e artistas, ele continua se autodenominando como "um humilde filósofo". Autor de *A ética dos hackers e o espírito da era da informação*, em que discute a entrada da ética hacker na sociedade, ele argumenta que, "se os hackers são aqueles que não têm medo do prazer, então, nos sonhos de todos, há um desejo secreto de ser apenas um bom hacker" (Himanen *apud* Grecco, 2001).

Nessa perspectiva, os argumentos éticos do modelo hacker são os mais importantes. O aspecto mais interessante da ética dos hackers é sua oposição à velha ética protestante. Uma relação mais livre também é necessária na economia informal, cuja base principal é a criatividade.

A ética protestante incluiu a ideia do *time is money*. Governada por essa ética, grande parte da nossa economia se tornou mais e mais veloz. Nosso tempo de lazer está diminuindo e se tornando apenas obrigação, um processo que poderia ser chamado de *Fridayzation of Sunday*, que Himanen resume como o estresse do cotidiano consumindo as pessoas. Da perspectiva de um hacker, esse é um resultado estranho do progresso tecnológico. O aspecto mais interessante da ética dos hackers é a oposição frontal à velha ética protestante. Os hackers creem que a revolução digital deva ser traduzida também em um tempo lúdico para a humanidade. Trata-se de reverter o processo, transformar a sexta-feira no domingo, ou seja, *Sundayzation of Friday*.

Segundo Himanen,

> Uma relação mais livre é também necessária na economia informal, cuja base principal é a criatividade: você precisa permitir a formação de estilos individuais se desejar que coisas interessantes sejam criadas. Na ética protestante, a ideia do dinheiro era um valor em si mesmo. Isso não significa que os hackers sejam ingênuos ou anticapitalistas. Na nova economia, a ideia de propriedade se estendeu para a noção de informação em uma escala jamais vista anteriormente. (Himanen *apud* Grecco, 2001)

O mundo à nossa volta progride. Linkados à rede, podemos participar e observar as pessoas desenvolvendo seus próprios projetos. Comunidades conversando e criando fórmulas alternativas. Empresas desenvolvendo negócios com base na criatividade dos seus clientes. E não é para menos. A informação anda na frente, um passo adiante dos setores relacionados. Não é por acaso que o movimento hacker está atrelado, desde os seus primórdios, à programação de software e se estendeu para a indústria da informação. Os hackers, então, se colocaram no processo de construção de uma outra sociedade. O desenvolvimento do Linux abriu um caminho importante para que as pessoas pudessem copiar, modificar e remixar. Um espaço comum para expandir a nossa vontade.

Himanen afirma que a questão principal passou a ser, então, como seria se hackers começassem a ser analisados sob uma perspectiva mais abrangente. O que significa o desafio lançado por eles? Sob essa ótica, a palavra *hacker* é utilizada para descrever uma pessoa com determinada obsessão pelo trabalho, relação essa que está ficando cada vez mais aparente na era da informação. Desse ponto de vista, a ética dos hackers é uma nova ética de trabalho que desafia o comportamento, conforme descreveu Max Weber (2001) em seu clássico *A ética protestante e o espírito do capitalismo*.

Entretanto, a ética dos hackers é, acima de tudo, um desafio para a nossa sociedade e para a nossa existência. Além da ética do trabalho, o segundo aspecto é a ética do dinheiro – aspecto definido por Weber como outro componente da ética protestante. É certo que o compartilhamento das informações mencionado na definição da ética dos hackers não é a forma predominante pela qual se faz dinheiro. Ao contrário, as pessoas ganham dinheiro, na maior parte dos casos, quando detêm a informação. No entanto, existem outras possibilidades. A internet tem possibilitado às pessoas uma nova forma de estar no mundo. Para a população de baixa renda, o impacto do acesso à internet tem promovido apropriações que outrora não seriam possíveis.

Sugere-se, então, uma nova condição de projetos e trabalho orientada pela criação de zonas de colaboração. Chamo de projetos todas as formas de expressão em que o sentido hacker de escovar bits é revelado numa busca quase existencial. Os hackers surgiram no ambiente universitário. Com as contas balanceadas, é fácil, muito fácil, romper com as estruturas impostas pelo capitalismo. Richard Stallman tornou possível, por exemplo, priorizar o desenvolvimento de um driver para impressora e romper com os modelos da indústria de software. No Brasil, entretanto, ele morreria de fome.

O mundo hacker e suas motivações podem ser definidos pelo desejo de construir algo para a comunidade, algo que seja valoroso. A reputação aparece aqui como uma forma de "remuneração". Mas persiste o dilema: "Ninguém vive de reputação". A originalidade das conversações que acontecem no hemisfério sul deve ser analisada pelo viés da sobrevivência. É nesse contexto que quero ampliar o debate.

Ser hacker é uma forma de sobrevivência. Esse ponto de vista desloca o olhar da cibercultura para o âmbito da cultural local, entrando nas relações que acontecem na sociedade brasileira. A colaboração é uma estratégia de sobrevivência nas periferias do Brasil. Não é preciso aprofundar-se na questão das perversidades das classes dominantes, uma vez que é possível focar na forma como os brasileiros descobrem o atalho para o futuro.

É lógico que o debate na sociedade virtual está osmoticamente invadindo outros espaços sociais. Alguns princípios do ser humano estão sendo transformados. O novo bom senso aceita a revolução digital como propulsora de uma nova ordem, aceita a anarquia como uma forma viável de contrabalançar os poderes, aceita que o conhecimento deve ser livre e, portanto, aceita o direito que as pessoas comuns têm de compartilhar esse conhecimento. Diante dessa realidade, as empresas e o governo tornam-se muito mais frágeis.

Podemos adicionar aos nossos argumentos éticos o fato de a paixão e a maneira livre dos hackers apontarem no sentido da permissividade para "brincar" e permitir que o trabalho seja feito de acordo com o ritmo de cada um. Podemos também dizer que o modelo aberto não só é justificado pela ética, como também é muito poderoso na prática.

A ética hacker passa a ser fundamental no desenvolvimento do novo sistema, isto é, está sustentando a revolução digital. Assim como a ética protestante deu vazão ao sonho industrial, a sociedade do conhecimento assimila essa ruptura e apresenta uma proposta inspirada na filosofia hacker. Um novo mundo que não existiria sem a ação individual e, por vezes, anônima, dos bons hackers, nomes como os de programadores – verdadeiros "heróis da generosidade", porque dividiram seus conhecimentos com os colegas – como Vinton Cerf e Tim Berners-Lee. Os nomes de criminosos e piratas virtuais vão simplesmente se perder na poeira da história.

Projetos independentes e colaborativos como o MetaReciclagem só podem se desenvolver se pensarmos de forma hacker em conversações orientadas a projetos (esporos e conecTAZes), autonomia de gestão, muita informação fluindo entre as partes e, principalmente, na convicção de que cada parte representa o todo. Assim, teremos a certeza da construção de um projeto comum e rizomático. Cada membro do grupo necessita contribuir como base para os outros.

O CHOQUE CULTURAL

O choque cultural é invisível e imperceptível, é geracional. Existe um importante *gap* tecnológico, mas, como entendemos que a tecnologia é mato, cresce e se espalha por toda parte a ponto de ficar transparente e transitar pelo ciberespaço, não podemos ignorar o *gap* de acessos aos dispositivos tecnológicos nos países periféricos, acompanhado pela maré contrária dos processos de obsolescência. A tecnologia, a princípio, é cara e faz o capitalismo funcionar.

As rupturas paradigmáticas acabam com o sossego do cotidiano. Muitas revoluções sucessivas acontecem concomitantemente. A cultura e a arte se encontram com a tecnologia. Essas afirmações estão basicamente corretas.

Ao mesmo tempo que observamos revoluções desfraldarem as bandeiras nacionais, é comum percebermos também o contra-ataque imperial. O mundo sempre se rende ao *big business*, no qual a ética do trabalho malfeito enobrece o homem. Um mundo de advogados sem amor.

O tempo passa enquanto o velho resiste. Resiste também toda a barganha cultural. Um eterno "toma lá, dá cá". A vanguarda participa dessa falcatrua do destino, pois ela só existe ao se validar como contradição do próprio sistema, faz o jogo limpo do capitalismo transcendental.

O efeito da colaboração rompe paradigmas. Colaboração como capital social. Colaboração para fazer qualquer coisa que o desejo provoque. Colaboração como condição de sobrevivência.

TECNOLOGIA SOCIAL

O conceito de tecnologia social, segundo as autoras Jardim & Otero (2004), engloba um conjunto de técnicas, metodologias transformadoras, desenvolvidas e/ou aplicadas na interação com a população, com o objetivo de apropriação, que representam soluções para a inclusão social e a melhoria das condições de vida.

É importante pensar que tecnologia social deve ser vista como um processo, mais que uma finalidade. Um movimento que se constitui como parte da consolidação da rede/sociedade, conforme menciona Latour (2005) numa abordagem sociotécnica da multidão. Um movimento em que os atores se influenciam constantemente e tomam decisões capazes de afetar uns aos outros, especialmente por meio de intervenções comunicativas. O ator está envolvido e participa do tecido social, permeado por seres animados e inanimados (computadores, animais, contingências situacionais, pessoas, grupos) e no qual acontece o uso, a apropriação, a revitalização ou o repotenciamento de conexões. Ao adquirir dimensões e implicações políticas de desenvolvimento para a comunidade e para a nação, o processo de apropriação da tecnologia supre algumas necessidades e expectativas (desejos em ritmo de expansão) que caracterizam a tecnologia social.

Esse conceito de apropriação da tecnologia social tem sido construído pela rede MetaReciclagem, permeando a ideia de reapropriação. Com o passar do tempo, o movimento não coube mais na denominação genérica e oportunista da inclusão digital. Seus integrantes passaram a procurar níveis mais elaborados de ação crítica e compreensão da apropriação de tecnologia como fenômeno social. Conceitos como colaboração, produção coletiva de conhecimento, ressignificação da tecnologia e apropriação crítica passaram a servir de base para outros níveis de experimentação e criação.

De um grupo inicialmente reduzido, a rede MetaReciclagem transformou-se em metodologia livre e aberta, passível de replicação em qualquer contexto, sendo adotada, com o tempo, em diversos projetos de tecnologia social. Atualmente, a MetaReciclagem pauta e influencia políticas públicas de universalização do acesso à tecnologia e de democratização da produção de conhecimento, além de participar de intercâmbios com outros projetos em todo o mundo.

Autores como Jardim & Otero (2004), Dangino & Novaes (2003), Dangino *et al* (2004) definem algumas características do movimento de apropriação da tecnologia social:

» desenvolvimento em interação;
» aplicação na interação;
» apropriação pela população.

Entre as consequências da apropriação tecnológica, estão:
» a apropriação do conhecimento, inovação;
» a produção de conhecimento para a transformação social;

- » a cidadania;
- » a alteração do modo de intervir diante das questões sociais por causa do "empoderamento" da população por meio da troca de conhecimento;
- » a transformação do modo como as pessoas se relacionam com algum problema ou questão social.

Diante desse esboço, é possível observar que qualquer projeto de inclusão digital ou social que perpasse pelo conceito de apropriação da tecnologia social deve atentar para o fato de que as técnicas e as metodologias são transformadoras e participativas.

O CRIME PERFEITO

Da revolução digital, ficaram as conversas. A expressão da rede é compartilhada. A luta para manter essa conquista está na ponta da língua da garotada. O compartilhamento pode ser entendido como uma estratégia de contrapoder.

Da revolução digital, também nos restou a prática. A prática enredada, com autonomia e na potência do ser humano em estado de multidão. Essa explosão conversacional desvela as espessas camadas do capitalismo e nos facilita o desmonte das estruturas de controle. Com a transparência das redes distribuídas, as velhas instituições tendem a ruir. Experimentamos o diferente. O processo de auto-organização em que as pessoas têm chance de escolha. Uma aposta na cauda longa, em que cada um é cada um. E cada um faz da sua curiosidade o crime perfeito.

PEER PRODUCTION

Só é possível compreender a ruptura dos paradigmas quando se participa desse movimento. A web é invisível para quem pouco acessa. Assim, não se consegue enxergar que um novo sistema está nascendo. Acredito que esteja emergindo uma consciência inequívoca de que a construção de baixo para cima tem muito a oferecer para o desenvolvimento do processo coletivo numa sociedade que sobrevive e se recria na sua própria diversidade. Dessa forma, tudo muda. Crianças aprendem a colaborar, a desenvolver projetos on-line e a espelhar os sonhos no ambiente da web. O mundo virtual não é diferente do nosso bom e querido mundo presencial. Criar para a sociedade, fazer acontecer independentemente do retorno financeiro em curto prazo: é essa a grande novidade. O percurso é simples e virtual. Qualquer pessoa com um computador conectado à rede e com um pouco de conhecimento tem a possibilidade de participar voluntariamente de alguns projetos importantes. E essa, sem dúvida, é uma excelente opção.

Podemos perceber que alguma coisa está modificando os rumos da economia por meio do trabalho imaterial. Nesse sentido, o trabalho de Hardt & Negri é muito importante. A saber: Antonio Negri é um filósofo político marxista italiano. Tradutor dos escritos de *Filosofia do direito*, de Hegel, especialista em Descartes, Kant, Espinosa, Leopardi, Marx e Dilthey, tornou-se conhecido no meio universitário sobretudo por seu trabalho sobre Espinosa, e sua atividade acadêmica sempre foi intimamente ligada à atividade política.

Negri ganhou notoriedade internacional após o lançamento do livro *Empire* (2000) – que se tornou um manifesto do movimento antiglobalização – e de sua consequência, *Multidão: guerra e democracia na era do império* (2005), ambos escritos em coautoria com seu ex-aluno Michael Hardt.

O pensamento desses autores caracteriza o trabalho imaterial como produtor de informação, conhecimento, ideias, imagens, relacionamentos e afetos, apresentando a tendência de não se limitar ao domínio estritamente econômico, mas desenvolvendo a esfera social. Para os autores, o trabalho imaterial "não cria apenas meios através dos quais a sociedade é formada e sustentada; [...] [mas] produz diretamente relações sociais, tornando-se uma força social, cultural e política" (Hardt & Negri, 2005, pp. 100-101). Essa relação, em termos filosóficos, também envolve a criação e a reprodução de novas subjetividades na sociedade.

Yochai Benkler, professor da Escola de Direito na Universidade de Harvard, Estados Unidos, escreve sobre a internet e o surgimento da economia da sociedade em rede. Em *The Wealth of the Networks: how Social Production Transforms Markets and Freedom* (2006), ele menciona a coexistência de duas formas de economia: uma advinda das negociações no mercado tradicional, em que as trocas se realizam por meio da moeda financeira, e outra denominada pelo autor de economia do compartilhamento, ou *peer production economy*, advinda da transferência mútua e simultânea de informações, principalmente na web. Nessa segunda forma de economia, o valor está vinculado a um tipo de moeda de troca que nem sempre é da ordem financeira. Critérios de reputação, reconhecimento, visibilidade, vontade de participação ou cooperação são alguns valores que norteiam essas trocas.

A conversação on-line está gerando novas formas de relacionamento, criando novas perspectivas, novas ferramentas e um novo tipo de incentivo intelectual.

APROPRIAÇÕES DIGITAIS

Inclusão digital é uma metáfora que representa algumas ações sociais, pressupõe a colaboração como agente aglutinante do arcabouço cultural das pessoas e, basicamente, engloba o acesso à informação, a circulação dessa informação e a produção local de conhecimento.

Ficam as perguntas: Qual é o conhecimento que interessa às comunidades? Como alcançá-lo? Sinceramente, são vários os aspectos que incidem nessa construção do conhecimento. Creio que existe uma lacuna tão imensurável no processo de educação formal do país que a educação informal se torna uma aliada suprema.

Mas o que significa colaboração? E projetos colaborativos? Bem, colaboração é um modo de produção. Diferentemente das ideias tradicionais, a colaboração tem vida própria. Emerge num ambiente caótico como a internet e, num movimento de baixo para cima, alcança um nível razoável de organização. Na internet, as pessoas têm mais que uma ferramenta; utilizam-na como uma aliada. Dessa forma, a internet catalisa a conversação assíncrona entre pessoas comuns. Desde o projeto Metá:Fora, estudamos alguns modelos de colaboração descentralizada, modelos que funcionam muito bem na informalidade. O desenvolvimento do Linux, do Apache, da Wikipédia e de muitos outros projetos livres são bons exemplos. São casos que identificam o processo como vivo e operante.

A resposta às questões levantadas aqui está na prática da inteligência coletiva, num ecossistema de ideias livres baseado na generosidade e no modo de produção catalisado pela recombinação. A academia, as empresas, o Estado e o terceiro setor entram nessa equação, mas não como protagonistas ou como detentores do conhecimento e da inovação. São todos participantes desse ambiente hiperlinkado, no qual o que vale é a reputação.

Mas há um dilema, pois projetos colaborativos carecem de financiamento. E mais, não existe uma fórmula ajustada de viabilidade econômica para a sustentação de projetos. Colaboração exige muito das pessoas e funciona muito bem quando podemos utilizar a ferramenta colaborativa em todo o seu potencial. Seja essa ferramenta um computador, um caderno de anotações, um lápis ou apenas uma boca falante. Mas nem sempre a colaboração retorna como remuneração. E isso não tem muito valor quando é necessário criar filhos, pagar contas e comprar o jantar para o dia seguinte. O desafio da nova economia está em valorizar a reputação.

A PROMESSA DA WEB

De fato, percebe-se que esses espaços informacionais são impulsionados por uma conversação assíncrona, que, ao emergir, traz a reboque uma nova forma de organização descentralizada, tanto do ponto de vista da organização *per si* quanto da comunicação mediada pela tecnologia hiperconectada.

Clay Shirky é um pensador que divide seu tempo entre escrever, ministrar aulas e dar consultoria sobre os efeitos sociais e econômicos das tecnologias da internet. Sua pesquisa está focada no surgimento de tecnologias descentralizadas, como *peer-to-peer*, web services e as redes sem fio, que fornecem alternativas para a infraestrutura cliente-servidor. Em seu livro *Here Comes Everybody*, Shirky explica o poder de ação do *crowdsourcing* e de outros esforços colaborativos on-line. Ele usa a frase "a internet se move por amor" (*Internet runs on love*) para descrever a natureza dessas colaborações:

> "Software social", "mídias sociais", e assim por diante. Apesar de haver algumas distinções entre esses termos, a ideia principal é a mesma: estamos vivendo em meio a um surpreendente crescimento da nossa habilidade de cooperar uns com os outros, de tomar decisões coletivas, tudo fora da camada tradicional das instituições e das organizações. (Shirky, 2008, pp. 20-21)

Essa cultura de rede se expandiu rapidamente. Pessoas comuns se apropriam das tecnologias e reverberam em suas comunidades aquilo que aprenderam. A replicação tornou-se a estratégia pela qual nos valemos para disseminar o conhecimento e ensinar nesse novo paradigma informacional. Pessoas que estão se conectando com outras pessoas, aprendendo e ensinando na busca de um mundo melhor. Essa é a promessa da web.

No novo contexto da formação (informal) de uma geração de comunicadores constituída por "amadores" que organizam a informação para públicos específicos em múltiplas interfaces, revela-se uma sociedade que sobrevive e se recria na própria diversidade. Esse processo envolve a participação de muitos atores. Há uma rede em que a natureza adquire instâncias "maquínicas" e esdrúxulas, às vezes desconcertantes. O que importa é o ato de linkar.

Trata-se de um caminho que parte da desconstrução da metafísica padrão, apoiado no trabalho de David Weinberger, que contrapõe a visão filosófica "conteinerizada" do mundo à ação on-line: "O hyperlink rompe a barreira do tempo, do espaço, do idioma e do bom senso. Uma transformação mais filosófica do que tecnológica" (Weinberger, 2006).

Essa transformação filosófica faz sentido quando entendemos a ruptura como uma possibilidade de se pensar a tradição filosófica baseada nas relações de afeto, como Espinosa define em *Ética* (Espinosa, 1973). Assim, é pertinente retomar alguns conceitos desse autor quando consideramos a conversação em rede, uma vez que, por meio do método dedutivo, se ocupou da causa e dos efeitos dos afetos entre objetos e pessoas, reciprocamente, traduzindo a ética como uma construção ontológica apoiada no movimento das diferentes relações. Desse modo, o conceito inicial de afeto, como "uma ideia pela qual a mente afirma a força de existir" (Espinosa, 1973, p. 283) vinculado à sua potência, como "as afeições do corpo, pelas quais sua potência de agir é aumentada ou diminuída, estimulada, refreada (...)" (Espinosa, 1973, p. 163) é importante nesse trabalho, bem como o conceito da potência, a utilidade dos afetos uma vez que:

> É útil ao homem aquilo que dispõe o seu corpo a poder ser afetado de muitas maneiras, ou que o torna capaz de afetar de muitas maneiras os corpos exteriores; e é tanto mais útil quanto mais torna o corpo humano capaz de ser afetado e de afetar os outros corpos de muitas maneiras. E, inversamente, é nocivo aquilo que torna o corpo menos capaz disso. (Espinosa, 1973, p. 311)

Ao estudar os afetos, é possível perceber o encontro dos comuns na rede, que de início poderia ser visto como um amontoado de coisas, pessoas e projetos que, aparentemente, não possuem nada em comum. Consideradas por Weiberger (2007a) uma miscelânea, essas relações de afeto também são propostas como links. A desorganização da rede dá poder aos pequenos, permitindo sua organização em links por meio dos interesses dos usuários, esse é o poder dos pequenos grupos. O movimento dos afetos, que aumenta ou diminui a potência das pessoas na rede, acontece em uma sociedade que, para Deleuze & Guattari (1995a), se configura rizomática ao abarcar multiplicidades que produzem subjetividades em instâncias informacionais diferenciadas.

MUITAS INTERNETS

Existem muitas internets. Na sua natureza, a internet se descola da lógica do *mass media*, decompondo-se em numerosas intervenções e conversas de pequenos grupos, numa infinidade de espaços comunicacionais, constituindo diversos ambientes de compartilhamento e catalisação do conhecimento. Quando falamos de internet, estamos nos referindo às pessoas que nela habitam, que usam e-mail, blogs, Google, Orkut, MSN, Twitter, Del.icio.us, YouTube, Flickr, Torrents, Facebook e inúmeras outras novas redes. Pessoas que usam o Skype para conversar. Enfim, são pessoas comuns, frequentadoras de um mundo invisível e formado por redes que se autoalimentam, se cruzam, se miscigenam. A rede mistura espaços. E, assim, todos são bem-vindos à cultura da remixagem. A experiência do Marketing Hacker colocou no campo de forças as possibilidades de difusão do conhecimento livre e a crença de que as tecnologias de informação e comunicação atuavam num processo silencioso, promovendo uma revolução que não seria televisionada, mas capaz de provocar mudanças profundas na sociedade.

Hoje, um sinal verde do GTalk indica quem da minha rede está on-line. Falo com um monte de gente ao mesmo tempo. Fecho assuntos importantes, agendo um almoço, um jantar e converso com toda a equipe de trabalho. Estão todos conectados. A vida é diferente daquela que aprendemos a viver, e as pessoas estão conversando também de diferentes modos. Como resultado direto, mercados ficaram mais espertos, isto é, as pessoas estão na internet porque ela permite que cada um expresse sua voz. As redes são locais para discussão e debate, essenciais para que a democracia participante funcione. Os espaços informacionais são tratados aqui como espaços que contemplam comunidades, softwares sociais, ferramentas de conversação e comunicação.

Apropriações e empoderamento por meio de trocas e da utilização das tecnologias de informação e comunicação emergiram das conversações em comunidades. Essas conversas trouxeram mudanças na organização social. Hoje, observamos a migração de uma cultura de massa para uma cultura descentralizada, com vários focos de produção. As tecnologias de informação e comunicação formaram o cenário lógico para a expansão de comunidades, redes sociais ou zonas de colaboração. Há de se considerar, ainda, a multiplicidade dessas relações, que visam à difusão de novos agenciamentos, seja sob a forma de comunidades, de esforços colaborativos, de inúmeros desenvolvedores de software livre, de blogueiros, twitteiros, etc. Uma rede distribuída que atua na ampliação de ações. A multidão hiperconectada faz da conexão a mensagem.

Ruptura da metafísica padrão

Metafísica é uma das principais obras de Aristóteles e aborda um ramo da filosofia que estuda a essência do mundo. Desde os primórdios da Grécia antiga, a metafísica estava baseada na divisão do mundo conforme as características de cada matéria e o reconhecimento espaço-temporal das formas. Essa construção, da qual a linguagem e a nossa percepção de mundo faziam parte, se caracteriza pela metafísica conteinerizada, predeterminada. Segundo Weinberger (2006), a metafísica padrão não é mais capaz de refletir a nossa experimentação do mundo. Para o autor,

> [...] esse processo de divisão raramente é consciente e acontece por meio da linguagem, que é elaborada por poetas de vários tipos, incluindo cientistas, políticos, marqueteiros e adolescentes revoltados (...). O modelo de contêineres, como muitos de nós suspeitamos, é inadequado. Ele simplifica demais as experiências. (Weinberger, 2006)

A ruptura com a metafísica padrão a que Weinberger (2008) se refere tem inspiração em Martin Heidegger (1997).

As ferramentas apenas fazem sentido quando referidas a um contexto. O mesmo acontece com a linguagem na qual os signos estão conectados àquilo a que remetem, bem como à nossa consciência do mundo em relação ao ambiente em que estamos vivendo. A crítica de Heidegger (1997) abarca uma moderna visão de mundo na qual a concepção de sociedade nasce do indivíduo e não do grupo social. Ao considerarmos a web um espaço que nasce da conversação e da troca entre pessoas que compartilham interesses, observa-se que ela é espaço da pluralidade social, construído, desde o início, por meio da relação, da generosidade e da atividade voluntária entre os seres humanos. Designamos *kairós* (καιρός) como a concepção do tempo que se refere ao momento apropriado ou à oportunidade para que algo ainda não real, mas existindo como potência, se efetue ou aconteça.

Weinberger (2002) apresenta um mundo não sequencial, repleto de pedaços de informações e construções cujas narrativas nos dão o contexto da informação, independentemente de um centro disseminador. O autor entende a web como um mundo compartilhado, que estamos construindo juntos. Esse processo de construção seria caracterizado por uma ruptura dos contêineres do tempo e do espaço. Nesse sentido, a internet pode ser compreendida como um novo lugar, um ambiente diferente. Internet não é apenas uma nova mídia, um canal de comunicação, mas um novo lugar propício para as conversações e, como consequência, para uma sociedade colaborativa.

A web também é uma nova forma social de espaço público, mas, por não apresentar uma geografia exata, possível de se abranger, sem espaços definidos para habitar, não podemos cometer o velho erro de tomar o mesmo parâmetro sobre o que, como regra, constitui a nossa sociabilidade. A web é um espaço compartilhado no qual temos a liberdade de escolher construir, alcançar e apropriar.

Outros pensadores da metafísica, de Platão a Nietzsche, têm refletido intensamente sobre o ser, sobre a totalidade do ser, apesar das partes que o formam. Heidegger percebeu que as gerações de pensadores anteriores estavam deixando de lado algo crucial, pois, para se caracterizar pelo que é, um "ser" não pode ser definido por outro "ser". As singularidades tomam o lugar da completude do indivíduo. Somos partes, discretos pedaços que constituem o ser. Heidegger (1997) nos apresenta um ser-aí (*Dasein*). O conhecimento humano não é pura informação, é um conhecimento intencional, ou seja, só sabemos o que de alguma maneira nos interessou ou nos interessa. Marías (2000) comenta Heidegger e explica melhor o conceito de *dasein*:

> *Dasein* é um verbo que significa existir e naturalmente é também o substantivo "existência", Dasein. A palavra Dasein se traduz, naturalmente, por existência, é a tradução normal. Mas há um momento em que Heidegger define Dasein e diz: 'Das Wesen des Daseins liegt in seiner Existenz', que se traduz literalmente: 'a essência do Dasein consiste em sua existência', [...] então traduzo: 'a essência do existir consiste em sua existência' [...] 'a essência da existência é sua existência'. (Marías, 2000).

Dasein é o "ser-no-mundo" que se encontra em situação, num círculo de afeto e interesses; o homem que está sempre aberto para se tornar algo novo. A própria situação presente é determinada por aquilo que ele pretende fazer no futuro. Muito do que ele faz hoje, senão tudo, o faz em vista do que quer ser amanhã.

O pensamento de Heidegger (2008b) aponta para mudanças. Taylor Carman, na introdução do livro *Basic Writings*, afirma que:

> [...] pouco tempo depois da Segunda Guerra Mundial, Heidegger passa a acreditar que a metafísica ocidental teria ultrapassado o cartesianismo, rumo ao subjetivismo kantiano, que projeta o mundo como um "quadro" objetivo contra si mesmo. Ele começa a pensar que a moderna tecnologia não seria um instrumento ou efeito de sujeição obstinada do sujeito no mundo do qual é objeto, mas, longe disso, uma auto-organização menos propositiva, menos centralizada – portanto, bem diferente –, de entidades com mais recursos materiais. (Carman, *apud* Heidegger, 2008b, p. XV)

Vivenciamos um processo de expressão de subjetividades jamais visto, pois, hoje, qualquer pessoa tem a possibilidade de publicar na rede, sejam e-mails, scraps, artigos, blogs, músicas, imagens, ou postar em diversos perfis em redes sociais, quantos achar necessários. A internet é um meio multimídia que dá às pessoas espaço para inúmeras formas de expressão. A cultura cibernética não é nada mais que uma compilação dessa diversidade.

O "ser" está saindo do contêiner, deixando de ser uma característica individual. Agora, somos a multidão. Cada um de nós pode ser muitos ao mesmo tempo. Basta observar os nicknames e o modo diferenciado como nos apresentamos uns aos outros nas inúmeras redes pelas quais circulamos. Em algumas, somos apenas "amigos dos amigos". Em outras, nossa vizinhança é construída por temas e relações de interesse profissional. Há ainda aquelas em que somos apenas pais e mães ou que participamos discutindo temas cujo foco de interesse foi desenvolvido por nós em assuntos que nos envolvem pessoalmente, apenas por hobby. Entretanto, é importante pensar nessa capacidade múltipla de apresentação do ser.

A multidão, no sentido de "múltiplo" e não se referindo apenas a uma soma de indivíduos, passa a estar dentro de cada um de nós. Em rede, somos múltiplos sujeitos. Nesse sentido, a internet traz novidades, permite perceber essas singularidades e entender que essa multidão monstruosa potencializa o debate. Assim, nos faz compreender que o poder tende à descentralização. Para Deleuze & Guattari (1995a), "as multiplicidades se definem pelo lado de fora: pela linha abstrata, linha de fuga ou de desterritorialização, segundo a qual elas mudam de natureza ao se conectarem às outras" (Deleuze & Guattari, 1995a, p. 17). O crescimento exponencial da colaboração é uma realidade advinda da multiplicidade de interesses no compartilhamento de informações. Está presente nos mutirões, nos puxadinhos, nas periferias das sociedades. A colaboração é um processo de compartilhamento de experiências comuns.

As multiplicidades de singularidades formam a multidão. O "ser" deixa o centro da existência. O cartesianismo, segundo Heidegger, não explica mais o nosso mundo e, lentamente, está sendo deixado no seu lugar. O pensamento humano está em transformação. Não mais pensamos para poder existir. Aliás, como diz Murilo Mendes (*apud* Sodré 2002, p. 142): "Só não existe o que não pode ser imaginado".

O recorte que queremos analisar está na compreensão do espaço virtual. A esse respeito, Pierre Lévy assegura: "A virtualidade não tem absolutamente nada a ver com aquilo que a televisão mostra sobre ela. Não se trata, de modo algum, de um mundo falso ou imaginário. Ao contrário, a virtualização tem a mesma dinâmica do mundo comum, é meio pelo qual compartilhamos uma realidade" (2001, p. 148).

"Virtual" é uma palavra mal compreendida. O virtual do qual a maioria das pessoas fala não é algo etéreo, não é um lugar que as pessoas utilizam para não ser o que são. O virtual é parte do que chamamos de real, é tão real como o presencial. "Virtual" tem raiz no latim: "vir" refere-se a homem, força, virilidade, virtude. E, dessa forma, "virtual" também é potência. Faz oposição ao atual, ao presencial. É um espaço de significado simbólico. Um espaço informacional que representa uma nova geração de sistemas de comunicação. Essa analogia permite pensar a rede como um espaço em que a potência é mais sugestiva e operativa que o poder. Explica-se, assim, a característica rizomática do espaço informacional da qual tratam Deleuze & Guattari (1995a) e que opera novas formas de relação na sociedade. Conhecimento livre, *copyleft*, contracultura, anarquia e colaboração são os bons resultados dessa equação, os meios de translação, de comunicação e de interação que nos possibilitam o trânsito, o viver entre ideias, culturas, informação e conhecimento diversos.

Desde o século XIX, grande parte do esforço científico tem sido aplicada ao desenvolvimento de meios de translação e comunicação, ou seja, a novas formas de conectar pessoas. Carros, aviões, rádio e televisão, de certa forma, encurtam a distância entre os seres humanos e, ao mesmo tempo, são instrumentos poderosos e estratégicos pelos quais circulam ideias e modos de vida.

No século XXI, a internet segue nesta mesma linha: serve para conectar pessoas, ideias, modos de vida e produção social. Weinberger (2004) denomina esse esforço como "a era da conexão", embora outras expressões pareçam descrever igualmente estes tempos marcados pela comunicação, pela informação e pela conexão.

Em relação aos demais meios de comunicação e informação, a internet é mais abrangente. Ela não apenas aproxima as pessoas, ela cria um novo lugar de convivência. A internet é um mundo diferente daquele no qual crescemos. Tempo e espaço não têm o mesmo significado que aprendemos nas experiências comuns ou mesmo com os demais meios de comunicação. O meio físico caminha para a virtualidade. O paradoxo, assim, se transforma em paradigma.

A LÓGICA DA LINKANIA

Sem meios de acesso, ficamos marginais à sociedade atual. Democracias interconectadas, para existir, precisam de acesso irrestrito que as garantam como tais. A tendência é de que haja convergência de tecnologias, no sentido de operar a passagem entre a tecnologia anterior para a digitalidade da rede. Telefones conversam com a rede, enviando e recebendo informações. Aparelhos televisivos seguem a mesma tendência. Os portáveis tablets, incluindo os celulares, estão conectados em rede, propiciando aos usuários um mundo em que seja possível aceder às informações e "blogar" suas análises, retroalimentando a rede.

O que significam os avanços e o acesso às tecnologias de informação e comunicação? Os avanços significam simplesmente o barateamento e a massificação da tecnologia. Assim, a grande sacada está em dar vazão a essa conectividade. Buscar o potencial para incrementar o inter-relacionamento dos mercados – ou "bazares", para usar o termo de Eric Raymond (1999) – como forma de mediação entre pessoas, produção, produtos e signos.

Por trás de cada computador, há um ser humano buscando uma nova forma de aprender, produzir, expressar-se, ensinar, aproveitar e prosperar. E humanos também são sonhos, sentimentos e contradições, não apenas razão, cérebro e máquina, mas uma rede de crenças e desejos, uma vez que, dentro de nós, há multidões, e que podemos ser símbolos ou signos. Hoje, podemos dizer que somos links que se conectam com outros links para trazer à tona um mundo mais compartilhado de diferentes realidades.

Na internet, a comunicação de massa não funciona. Do caos coletivo, surgem grandes projetos. Todo conhecimento que está sendo catalisado pela rede é fruto da conversação de um monte de pessoas. Os blogs são projetos pessoais de caráter coletivo. Esse é um processo de bricolagem, em que juntamos partes do trabalho de uns, tratamos as ideias de outros e criticamos uns aos outros, fortalecendo o debate que implementa a revolução digital.

No mundo presencial, as pessoas são separadas pela distância. Por causa da vastidão da Terra, diferentes culturas se desenvolveram. Pessoas vivem em países separados, divididos por fronteiras e, às vezes, por muros com soldados e armas. Na web, as pessoas caminham juntas – se conectam –, pois estão interessadas nas mesmas coisas, se movem por um interesse comum e se preocupam juntas.

Colaboração é um processo emergente. De baixo para cima. Encontramos a colaboração às margens de qualquer modo de produção. "Colaborar" e "cooperar" são palavras distintas. "Colaboração" é a palavra de ordem da nova economia. Não é apenas uma partilha ou uma cooperação. "Colaboração" vai além, significa engajamento das pessoas nos projetos. De baixo para cima e sem controle específico. Um processo de criação em que pessoas conversam com pessoas.

Colaborar é criar para a sociedade. Combinado ao desenvolvimento tecnológico e mais especificamente com o advento da internet, o processo de criação tem se apresentado como uma forma de expressão da sociedade. Esse modo de produção ao qual me refiro é o entorno econômico para produção de riqueza. E, nesse sentido, o colaborativismo modifica (mesmo que numa parcela da economia) o paradigma da produção.

O impacto da revolução digital não é absorvido pela sociedade do mesmo modo como essa revolução se constrói. Não é uma ruptura do capitalismo por um outro modelo. A ruptura está em hackear o capitalismo. Usar e abusar das suas contradições. Revolucionar pela linguagem, pela ocupação dos espaços, pela oferta de recursos. Compartilhar interesses faz com que as pessoas se aproximem. Essa é a lógica da linkania.

O PARADIGMA DAS REDES

A sociedade e a rede são conceitos indissociáveis. Os seres humanos vêm se organizando em redes colaborativas desde o começo dos tempos. Há muito, esse tipo de organização permite que sejamos capazes de transformar o mundo ao nosso redor, criando conhecimento e cultura de maneira coletiva. Não há sociedade se não houver redes, seja de amigos, famílias, primos e sobrinhos, de pessoas com afinidades que se conectam por algum motivo, combinando os anseios, os interesses e os desejos pessoais.

Entretanto, se a era industrial, sob o domínio dos meios de comunicação de massa, deixou a rede escondida em segundo plano, a internet tem nos levado a reviver a ideia. O sistema tornou-se mais abrangente. As redes de amigos cresceram. Atualmente, com a popularização da internet, novas redes colaborativas, e voltadas para a produção criativa, têm surgido com incrível velocidade, gerando bens coletivos de valor inestimável.

Quando acessamos nossos computadores e tudo corre bem, abrimos o navegador para o mundo, atingimos o mais abrangente espaço hacker – o das pessoas conectadas –, em que a troca de informações facilita o aprendizado informal, a distância entre as pessoas diminui, a conexão transmuta-se em uma outra realidade.

Continuamente, ouvimos falar das experiências de organização de comunidades de seres vivos, da capacidade de construção de redes descentralizadas de formigas, cupins ou abelhas. A emergência das redes sociais acontece num processo de auto-organização, cuja "única diferença é o material de que são feitas: células de enxames, calçadas, zeros e uns", de acordo com Johnson (2003). Entretanto, isso não é tão importante, pois o que nos interessa é observar a tendência do pensamento de baixo para cima (*bottom up*) modificando a forma de agir da humanidade.

"Mutação" e "transformação" são palavras muito utilizadas no cotidiano digital. Se a internet trouxe em seu bojo a ideia de revolução, trouxe também críticas inequívocas sobre o modo como a sociedade moderna estava estruturada. Romper com os paradigmas significa destruir os preconceitos em meio aos quais nos encontramos inseridos. Muitos desses preconceitos estão diretamente ligados à forma como nos organizamos e conversamos, "imitamos", ainda que esse processo ocorra de forma sutil, sem nos darmos conta, sem exatamente compreendermos por que razão agimos de determinada maneira.

A REDE DA CULTURA

A cultura da rede já nos deu mostras de que o conhecimento é livre, de baixo para cima e *open source*. Descortina-se, assim, uma nova forma de poder de baixo para cima, pois diversos grupos de pessoas dispersas, que se associam de acordo com suas habilidades, encontram soluções para uma série de problemas complexos que só podem ser resolvidos em "estado de multidão". Isso só é possível graças ao suporte que as novas plataformas das novas mídias oferecem para a emergência de redes sociais impermanentes, que só existem enquanto forem necessárias para responder aos desafios específicos desses momentos.

Esses encontros em rede, essa conversação que aproxima as pessoas, não apenas mobilizam a troca de informações cotidianas, muitas vezes descartáveis, mas configuram uma modalidade de auto-organização da sociedade civil. As conversações seriam a democratização do processo organizacional coletivo? Henry Jenkins (2008) desenvolveu um trabalho importante sobre esse tema ao investigar a relação entre as mídias e a cultura popular. Os conteúdos de novas e velhas mídias se tornam misturados, híbridos, reconfigurando a relação entre as tecnologias, a indústria, os mercados, os gêneros e os públicos. O cruzamento entre mídias alternativas e de massa é assistido por múltiplos suportes, resultando no que se caracteriza como a era da *convergência midiática*. Com o argumento de que a informação circula de forma intensa por diferentes canais, sistemas midiáticos e administrativos, o autor denomina esse processo de cultura participativa e afirma:

> [...] Uma cultura participativa é uma cultura que conta relativamente com poucas barreiras à expressão artística e ao engajamento cívico e dá um grande apoio para se criar e para compartilhar criações de qualquer pessoa ou de um parceiro que seja uma espécie de mentor [...]. Uma cultura participativa é igualmente aquela em que os membros confiam no conteúdo material de suas contribuições e sentem algum nível de conexão social uns com os outros. A cultura participativa desloca o foco da capacidade de uma expressão individual para envolver toda a comunidade. (Jenkins, 2008, p. XX)

Em rede, ninguém realmente pensa sozinho. Trata-se da morte do pensamento individualista. Todo pensamento é produzido em colaboração com o pensamento passado e presente, com os pensamentos uns dos outros – cada nova ideia e imagem convidam a novas colaborações e as inauguram.

Ao tratar dos aspectos econômicos da produção social, particularmente do fenômeno da produção pelos pares (*commons based peer production*), Benkler (2006) coloca três questões importantes: 1) Por que as pessoas participam?; 2) Por que participam em um mesmo momento e de um mesmo projeto?; 3) É eficiente que todas essas pessoas compartilhem seus computadores e doem seu tempo e seu esforço criativo? A resposta para essas perguntas tem como exemplo de ação a produção contemporânea do Linux. De acordo com o autor, a motivação para participar de uma produção colaborativa não vem apenas da intenção de se fazer uma boa ação, mas de complexos relacionamentos que agregam valor tanto ao trabalho quanto à participação em si, seja *status*, seja reputação, seja dinheiro ou os demais valores subjetivos para os participantes para além do projeto. Em suma, crenças e desejos estão envolvidos na participação, motivos intrínsecos e extrínsecos. Para Benkler, "vivemos nossas vidas em diferentes camadas sociais, e o dinheiro tem uma relação complexa com cada uma delas; algumas vezes ele motiva a participação das pessoas, outras vezes ele desmotiva" (Benkler, 2006, p. 92).

São muitas as formas de participação na rede. Weinberger (2006) questiona se todas essas interfaces de conexão poderão causar algum impacto na vida das pessoas, ao estabelecer novos campos de força por meio de discursos que se apresentam sob múltiplas interfaces e emergem dinamicamente nos movimentos. Uma condição de "sobrevivência imersa" que cria espaços para ações múltiplas nas quais o discurso linka e constrói.

O desafio é entender a rede como um movimento múltiplo no qual a incerteza é uma característica mais acentuada que os formatos, as disposições e, principalmente, as ferramentas pelas quais o próprio movimento se manifesta. Quando se fala em formas de organização da rede, o parâmetro é a alta complexidade, pois as fronteiras não estão claramente estabelecidas e domínios surgem e desaparecem continuamente. Pode-se pensar no movimento de uns em relação ao movimento de outros. Contudo, além disso, as pessoas têm uma meta.

A rede dos hackers é um dos exemplos mais evidentes, produzindo, todos os dias, inovações tecnológicas e revolucionando a economia dominante do mercado de software. São os chamados softwares livres, que podem ser instalados gratuitamente em qualquer computador, permitindo a realização de inúmeras atividades, desde conectar a câmera digital até editar e mixar uma música. No entanto, o mais importante é que esses softwares são compartilhados nessas redes, podendo ser estudados, pesquisados e aperfeiçoados por todos.

Todavia, a produção coletiva e descentralizada de bens criativos não se aplica somente ao software, pois, em diversas áreas do conhecimento, já começam a aparecer reflexos dessa nova forma de produção. Um ótimo exemplo é a Wikipédia, uma enciclopédia construída coletivamente na web. O software livre é o caso mais conhecido e mais impactante de uma nova dinâmica que demonstra a produção de conhecimento livre como alternativa economicamente viável e sustentável.

Pretendemos discutir aqui o surgimento das novas redes, o papel da internet e da tecnologia digital como multiplicadores, além dos impactos sociais, culturais e econômicos desse novo meio de produção criativa.

PODER E SABER

De acordo com Foucault (2005), não há saber que não seja acompanhado de uma forma de poder. Para contextualizar, precisamos pensar no fato de que a equação poder/

saber esteve desbalanceada numa entropia negativa durante muito tempo. A equação estaria melhor nestes termos: assim como o saber só existe quando está livre, o conhecimento livre pressupõe o desatrelamento do poder. Penso numa estratégia de poder/saber descentralizadora que se encontra nas mãos da multidão por meio da apropriação das ferramentas de comunicação, contrapondo-se à ideia do *homo economicus*, permeado pela política neoliberal, com uma iniciativa individual e empreendedora, demonstrada nos anos 1970 por Foucault (2005), o que nos leva à conclusão de que todo sujeito é um homem econômico em busca de seus interesses, com base em uma visão individualista e utilitária das ações sociais. Hoje, o novo conceito de *homo economicus* pressupõe uma lógica daquele que compartilha o conhecimento em rede para buscar seus próprios interesses e que, para defendê-los, precisa construir ações colaborativas e investir nelas ou agir de maneira colaborativa.

O que queremos dizer é que a rede indica um futuro libertador. A web só faz sentido quando um se preocupa com o outro, numa circulação generalizada e libertadora de fluxos de informações e das ondas econômicas. A web é um mundo que criamos para todos nós e que só pode ser compreendido no interior de uma teia de ideias que inclua os pensamentos que fundamentam a nossa cultura, com o espírito humano persistindo.

Howard Rheingold é, provavelmente, o pensador mais veterano sobre a cultura de redes. Em 1993, ele publicou *The Virtual Community*, uma pesquisa com participantes da comunidade The Well. Ele começou escrevendo sobre a vida numa comunidade virtual e acabou escrevendo um livro sobre as implicações culturais e políticas de um novo meio de comunicação. Publicado em 2002, *Smart Mobs: the Next Social Revolution* foi aclamado como uma previsão profética da nova era. Nessa obra, o autor afirma que o potencial transformador mais profundo para conectar as inclinações "humano-sociais" à eficiência das tecnologias de informação é a possibilidade de fazer coisas novas conjuntamente e assinala o potencial de cooperação numa escala e de maneiras nunca antes possíveis. Além disso, as multidões inteligentes (*smart mobs*) emergem quando a comunicação e as tecnologias da computação amplificam o talento humano para a cooperação.

As redes da mobilização englobam a rede do conhecimento, são mais factíveis, reais e mostram resultados rápidos. A sociedade civil se organiza, compra, vende, troca, aprende e ensina mobilizando as bases para o interesse comum: desenvolver a comunidade, criar filhos, conviver com amigos, trabalhar e tentar ser feliz. Dizemos que, estando em rede, não há mais necessidade de operar a mudança social: ela se faz permanente.

Surge, assim, uma nova dinâmica, que demonstra a produção de conhecimento livre como alternativa economicamente viável e sustentável. O código aberto traz para a inovação o que a linha de montagem trouxe para a produção em massa.

Quando pensamos nas redes hiperconectadas e em suas diversas formas de organização, temos que nos atentar para o modo como as comunidades de software livre se desenvolveram. O conceito de software livre começou a ser disseminado na década de 1970 por Richard Stallman: um conceito ideológico-filosófico que despontou nas universidades norte-americanas. No entanto, o ritmo de desenvolvimento e de produção do software livre estava nas mãos de alguns poucos desenvolvedores.

O Linux inaugurou uma abertura graças às possibilidades de compartilhamento e troca promovidas pelas novas tecnologias de informação e comunicação. A internet ofereceu condições para que as trocas fossem incrementadas, o que até então não era possível. Linus Torvalds inaugurou um modo de produção que contava com a colaboração das pessoas comuns. Colaboração como capital social. Colaboração para fazer qualquer coisa que o desejo provoque. Colaboração como condição de sobrevivência. Colaboração como viés estrutural no desenvolvimento das novas organizações, veia latente dos processos de inovação tecnológica, canal de viabilização da interação entre fornecedores, clientes e comunidades de usuários dos múltiplos produtos hoje oferecidos pela internet.

Colaboração é processo, o que exige que aconteça independentemente do retorno financeiro a curto prazo. O conhecimento tende a ser livre. Estamos presenciando intensas mudanças, principalmente no que se refere à propriedade intelectual, à liberdade de expressão e às novas práticas de comunicação. Prefiro usar o termo "linkania" em vez de "cidadania", porque esse último se relaciona à cidade ou expressa o que definimos como metafísica padrão. Linkania entra no contexto de ruptura e da percepção de que nós somos links ligados a outros links. A hiperconexão não faz muito sentido se não pensarmos em comunidade, ou em multidão, servindo-nos do conceito de Hardt & Negri (2000). Nós somos a rede.

Zonas de colaboração

O QUE É COLABORAÇÃO?

Uma cultura de rede traz a reboque uma nova forma de organização descentralizada, tanto do ponto de vista da organização *per si* quanto da comunicação mediada pela tecnologia hiperconectada. Essa cultura de rede se expande rapidamente. Pessoas comuns se apropriam dessas tecnologias e reverberam em suas comunidades aquilo que aprenderam. A replicação é a forma pela qual as pessoas se valem para aprender e ensinar nesse novo paradigma informacional.

As tecnologias informacionais e de comunicação são o cenário lógico para a expansão das zonas colaborativas como um meio de produção no contexto da formação de uma nova geração de comunicadores, que, diferentemente das anteriores, se constitui de forma independente dos grandes meios de comunicação e tem nas ferramentas de edição na internet (os blogs) seu meio de criação, difusão e troca de informação e conhecimento.

O que é colaboração? Essa é uma pergunta que fica sem resposta. Urge tentar discorrer sobre o assunto sem tocar na definição, falar do que nos move, não daquilo que é, da relação entre as pessoas, e não da coisa em si. Todos participamos da vida social. É a colaboração como princípio de sobrevivência, como essência inerente do próprio ser humano, um ser gregário, social, incapaz de viver sozinho. Daí a impossibilidade de dissociar a colaboração da interação entre as pessoas, entre grupos, em torno de algo comum.

Colaboração não tem um significado estanque, pois acontece na ação, pressupõe generosidade, que é limitada, parcial. Inconstante, a colaboração supera diversidades, unindo e aproximando os diferentes. É fraterna, levando as ações a acontecerem não obrigatoriamente quando há necessidade. É competitiva quando nos apropriamos da tecnologia e colaboramos como uma forma de alcançar reputação em um determinado grupo de pessoas. É uma lógica que não se mantém no cotidiano, pois apresenta uma dinâmica caótica da relação do ser em comunidade.

Do ponto de vista de uma sociedade em rede, a produção cultural está sendo catalisada pela colaboração. Agora, as pessoas têm muito mais possibilidades de experimentação e realização de projetos. Da mesma forma, buscamos um modelo de desenvolvimento de software e alavancamos os aspectos de colaboração, de liberdade, de apropriação e replicação para a área do conhecimento. Surge, assim, uma comunidade de pessoas em rede que comungam de uma ética e de uma cultura próprias, baseadas no compartilhamento do conhecimento e na ausência de hierarquias (verticalização dos processos). Por meio das iniciativas de produção de conhecimento em rede, essa comunidade clama por liberdade.

A rede é potencializada pela internet, que é assíncrona. O tempo não para. O tempo flui numa complexidade caótica. O caos também assusta, porque nos faz pensar, nos deixa fragilizados diante da falta de controle que temos ou não das "coisas". Esse tempo assíncrono é uma ruptura. Assim como o ser que se redescobre esquizofrênico, assim como o espaço informacional que desconhece barreiras de ir e vir, assim como o conhecimento que se dobra e se liberta. O crescimento dessa rede é rizomático, distribuído e veloz. Não é organizado. Mas quem disse que seria organizado? O conhecimento é recombinante. Um dispositivo que se dá no remix. Tudo se transforma, nada se cria. A recombinação se dá na colaboração. Essa forma de desorganização em rede é capaz de criar espaços que se configuram como zona autônoma temporária (TAZ). De acordo com Bey,

> A TAZ é uma intensificação, um excesso, uma abundância [...], a vida vivida em vez de "sobrevivida". [...] Por uma característica de sua própria natureza, a TAZ faz uso de qualquer meio disponível para concretizar-se – pode ganhar vida tanto numa caverna quanto numa cidade espacial –, mas, acima de tudo, ela vai viver, agora, ou o quanto antes, sob qualquer forma, seja ela suspeita ou desorganizada. Espontaneamente, sem preocupar-se com ideologias ou anti-ideologias. Ela vai fazer uso do computador, porque o computador existe [...]. (Bey, 2001, p. 36)

Esse é um dispositivo que mostra a visibilidade da articulação em rede para a transformação social. De certa forma, com a cultura hacker, a produção tende ao "infinitesimal (in)finito", o inteiro que contempla toda multiplicidade. A colaboração aponta para uma teoria social que contenha o princípio da continuidade, a continuidade da ação comum, um processo recursivo em que duas ou mais pessoas ou organizações trabalhem juntas para uma interação de objetivos comuns. Para Bey,

> Seja através de uma simples pirataria de dados, ou do desenvolvimento de formas mais complexas de relacionamento com o caos, o hacker da web, o cibernauta da TAZ encontrará maneiras de aproveitar as perturbações, quedas e breakdowns da net (maneiras de gerar informação a partir da "entropia"). O hacker da TAZ trabalhará para a evolução de conexões fractais clandestinas, como um rastreador de fragmentos de informações, um contrabandista, um chantagista, talvez até mesmo como um ciberterrorista. Essas conexões e as diferentes informações que fluem entre elas e por elas formarão as "válvulas do poder" para a emergência da própria TAZ [...]. (Bey, 2001, p. 38)

Acredito que, de certa forma, o surgimento e a apropriação de TAZes são os primeiros indícios das zonas de colaboração. Projetos como o desenvolvimento de softwares livres estão apoiados no fenômeno da emergência dessas zonas, na afirmação de que os espaços informacionais contemplam comunidades, softwares sociais, ferramentas de conversação e comunicação. Esses espaços são ocupados por uma conversação assíncrona que emerge na rede a ponto de provocar rupturas na cultura de massa.

Com as tecnologias da comunicação e da interação, as redes passam a facilitar a convivência a distância em tempo real. Provocam e potencializam a conversação. Reconduzem a comunicação para uma lógica de sistemas organizacionais capazes de reunir sujeitos e instituições de forma descentralizada e participativa. Reorientam fluxos criativos e abrem novas possibilidades de circulação da riqueza.

A tecnologia se distende e possibilita incrementar a inteligência das pessoas. A revolução das tecnologias da informação atua remodelando as bases materiais da sociedade e induzindo à emergência de agenciamentos colaborativos como base de sustentação social. Não podemos atribuir essas mudanças apenas à tecnologia. A internet torna possível o florescimento de novos movimentos sociais e culturais em rede, a organização da sociedade civil em novas formas de gestão e o retorno às redes humanas, depois de um longo período de domínio das redes de máquinas e da burocracia. Segundo Bey, "a TAZ está interessada em resultados, ataques com êxito à realidade consensual, conquistas de patamares de vida mais altos e intensos" (Bey, 2001, p. 42). No limite da ruptura dos paradigmas, a colaboração aparece como um agente potencializador das energias produtivas. A sociedade está se tornando mais aberta e, de uma forma ampla, mais colaborativa.

Essas trocas têm se tornado fonte de inovação e criatividade, exigindo mudanças nas leis de copyright estabelecidas no início do século XX para dar lugar a formas alternativas de copylefts, que permitam o uso inteligente da cultura produzida por muitos em prol da disseminação do conhecimento. Discussões em torno do assunto emergem da necessidade de novas regras que, de acordo com Lessig, busquem responder a questões como: "O que significa para a sociedade quando toda uma geração cresce sendo considerada criminosa por seus hábitos de troca de conhecimentos?" (Lessig, 2008, p. 30). Que soluções podemos dar a essa geração para que ela não seja considerada criminosa de acordo com práticas e leis que defendiam a indústria e a produção cultural? Para o autor,

> Artistas e autores precisam de incentivo para criar. Nós podemos criar um sistema que faz exatamente isso, sem fazer com que nossas crianças se transformem em criminosas. A última década está repleta de trabalhos extraordinários feitos por alguns dos melhores acadêmicos da América, nos quais realizam o mapeamento e o esboço de formas alternativas para o sistema de copyright existente. Essas alternativas deveriam ter como meta as mesmas finalidades que o copyright segue, sem tornar criminosos aqueles que naturalmente fazem o que as novas tecnologias os encorajam a fazer. (Lessig, 2008, p. xix)

Pensar em aspectos alternativos para uma prática de apropriação da tecnologia social já se tornou comum, assim como recombinações, remix ou *sample*, ao considerar que a vida está mudando. Vivemos em um *gap* geracional que emerge do uso das tecnologias da informação. Entretanto, é possível perceber que se trata de uma mudança sem volta, como apontam algumas pesquisas sobre juventude, novas mídias e aprendizagem. Aspectos de ruptura com o cotidiano espacial e temporal, principalmente com as condições geográficas em que se vive, e novas construções culturais por meio do compartilhamento em rede são características da geração *always on*.

Danah Boyd (2008) traçou o perfil e o comportamento da geração habituada a trocar conhecimento nas redes sociais. A autora relatou que o hábito de utilizar redes sociais e tornar a vida pública, se expor e conhecer os amigos dos amigos, trouxe consigo a potência de uma maior democratização da realidade social. Não importa o conteúdo da conversa dessa nova geração, o diferencial é que ela está conectada o tempo todo, conversando e trocando ideias. Por meio dessa intensa conversação é que essa geração se encontra exposta a possibilidades de intervenções na realidade social. Em razão dessa condição primordial de que desfrutam, bem ou mal, os "nativos digitais" ocupam um espaço que antes era reservado apenas aos grandes veículos de comunicação.

Essa questão implica uma ética que é permeada pela relação. Se pensarmos nos processos educativos estabelecidos pela escola, que ainda defendem a conteinerização do conhecimento e formas denominadas "certas" ou "erradas" de aprender, desprezaremos a atual sociedade que aprende por meio das novas mídias. Em Ito *et al.* (2008), há relatos sobre o comportamento dos jovens que estão se tornando cada vez mais autônomos em sua aprendizagem, mesmo frequentando a escola normalmente. Essa liberdade de aprender e acessar qualquer tipo de conteúdo disponibilizado na rede é que faz a diferença na produção da nova geração. Liberdade em relação ao acesso à organização do conteúdo segundo critérios de relevância e valores atribuídos pelos usuários (como as folksonomias) aos conteúdos e às demais opiniões de outros usuários, que são compartilhados por meio de sistemas, como Del.icio.us, Digg, Bloglines e outros agregadores de informações, são sinais de uma geração que não fica em silêncio, ocupando espaços de maneira mais livre e independente da opinião formada pelos grandes veículos de comunicação.

AS REDES SÃO POR DEMAIS REAIS

Redes sempre tiveram o poder de produzir subjetividade e pensamento. Heidegger pergunta: "O que é pensar?". E responde: "Nós nunca chegamos aos pensamentos. Eles é que vêm a nós" (Heidegger, 1968, p. 35). É a hora conveniente para a conversação. Pensar em rede não é apenas pensar na rede, o que ainda remete à ideia de social ou à ideia de sistema, mas é, sobretudo, pensar a comunicação como lugar da inovação e do acontecimento, daquilo que escapa ao pensamento da representação.

Para Deleuze (1991), pensar é experimentar, é problematizar: O saber, o poder e o "si" são a tripla raiz de uma problematização do pensamento. E, primeiramente, considerando o saber como problema, pensar é ver e é falar, mas pensar se faz no entremeio, no interstício ou na disjunção do ver e do falar. É, a cada vez, inventar o entrelaçamento, lançar uma flecha de um contra o alvo do outro, fazer brilhar um clarão de luz nas palavras, fazer ouvir um grito nas coisas visíveis. Pensar é fazer com que o ver atinja seu limite próprio e o falar também alcance o seu, de tal modo que os dois estejam no limite comum que os relaciona um ao outro, separando-os.

A rede apresenta dois lados, um voltado para a construção de modelos que se constituem como totalidades das relações imanentes e outro voltado para a singularidade e paisagens irredutíveis. A sociedade, o capital, o mercado, o trabalho, a arte e a guerra são, hoje, definidos em termos de rede. O fato de que pensar é pensar em rede reverbera, na opinião de Parente (2004), a questão de que máquinas infocomunicacionais estariam engendrando profundas transformações nos dispositivos de produção das subjetividades. Vivemos um tempo de mudanças. A relação é paradoxal. A mistura, a miscigenação cultural, resulta num processo de enriquecimento e empobrecimento, singularização e massificação, desterritorialização e reterritorialização, potencialização e despotencialização da subjetividade em todas as dimensões.

TECNOLOGIA MAQUÍNICA

Em *Caosmose: um novo paradigma estético*, Guattari denomina:

> [...] maquínico o estrato de sentido formado por matérias expressivas heterogêneas, não linguisticamente formadas, mas ainda assim de natureza semiótica. Substâncias de expressão heterogêneas como as codificações biológicas ou as formas de organização própria ao *socius* (como aquelas derivadas de instituições como a família ou a escola) atravessam

transversalmente os domínios de sentido propriamente linguísticos. (Guattari, 2006, p. 50)

Para o autor, a informática e a tecnociência são nada mais que formas hiperdesenvolvidas da própria subjetividade. Aqui entram os fatores subjetivos das atualidades históricas (componentes semiológicos significantes que se manifestam por meio da família, da educação, do esporte, da cultura, do meio ambiente, da arte e da religião); o desenvolvimento em escala das produções maquínicas de subjetividade (elementos fabricados pela indústria das mídias, cinema, máquinas linguísticas, etc.); e, por último, os aspectos etológicos e ecológicos relativos à subjetividade humana, à ecologia social e à ecologia mental, que são trabalhados por agenciamentos coletivos de enunciação.

De acordo com Deleuze (1992), uma máquina não investida de desejo e não alimentada de subjetividade é um corpo sem vida. Todo corpo tem sua artificialidade, e toda máquina tem sua virtualidade. A tecnologia é, portanto, a prótese. É o corpo sem órgãos que, para o autor, é como o mecânico supõe uma máquina social. O próprio organismo supõe um corpo sem órgãos, definido por suas linhas, seus eixos e seus gradientes. Todo um funcionamento maquínico distinto tanto das funções orgânicas sociais quanto das relações mecânicas.

Nesse contexto, podemos perceber que é a primeira vez na história da humanidade que a realidade do "aqui e agora" se encontra imersa nas tramas de uma temporalidade maquínica, tendo a tecnologia como fato cultural multitemporal. Heidegger diz que "a finitude do tempo só se tornava plenamente visível quando o tempo sem fim se explicitava, por contraposição à finitude" (Heidegger, 1997, p. 125). Vivemos, então, nessa contraposição. E, assim, percebemos a desconteinerização não só do tempo, mas do espaço, do ser e do conhecimento. Serres (*apud* Parente, 2004) afirma que o tempo multitemporal passa e não passa: ele percola. Para o autor, o tempo funciona como um filtro, que ora faz passar, ora impede a passagem. É desse modo que as tecnologias remetem ao duplo movimento de aceleração e desaceleração, inovação e tradição, desterritorialização e territorialização. A contemporaneidade se caracteriza cada vez mais pela edição ou pela forma como as partes do sistema são montadas ou articuladas. Essa é a cultura do remix.

E, nesse movimento remixado, misturado e miscigenado, uma cultura que se desenvolve em rede exige o reconhecimento por parte da consciência. A partir daí, a filosofia ficou diferente, não pôde mais ignorar o "estar com os outros". Afinal, não se pode ignorar as relações em rede.

São diferentes os percursos de cada indivíduo. É diferente, portanto, o modo como cada um pode perceber onde vive, como vive e escolher o que faz com seu tempo. Se somarmos todos os percursos, teremos reconstituído uma pluralidade de mundos em um mesmo e único mundo.

PRODUÇÃO DE SUBJETIVIDADE

A subjetividade é como a cognição, o advento e a emergência de um afeto e de um mundo por meio de suas ações no mundo. É a realidade psíquica, emocional e cognitiva do ser humano, passível de se manifestar simultaneamente nos âmbitos individual e coletivo, comprometida com a apropriação intelectual dos objetos externos. O campo conceitual de subjetivação surge no trabalho de Foucault e é retomado por Deleuze & Guattari. A subjetividade é engendrada, produzida, pelas redes e pelos campos de força social.

Um dos conceitos de subjetividade nos é dado, "ainda que provisoriamente", por Guattari, que argumenta: "Por subjetividade, entendemos um conjunto de condições que torna possível que instâncias individuantes e/ou coletivas estejam em posição de emergir como território existencial autorreferencial em adjacência ou em relação com uma alteridade ela mesma subjetiva" (Guattari, 2006, p. 19).

A subjetividade, de fato, é plural, "polifônica", para retomar uma expressão de Mikhail Bakhtin que Deleuze cita em várias partes de sua obra. O que importa não é unicamente o confronto com uma nova matéria de expressão, mas, sim, a constituição de complexos de subjetivação (indivíduo/grupo/máquina/trocas múltiplas), que oferecem às pessoas possibilidades diversificadas de recompor uma corporeidade existencial, de sair de seus impasses repetitivos e de, alguma forma, se ressingularizar.

Dessa perspectiva, o século XXI exige modificações estruturais no poder para atender à nascente sociedade informacional. É nesse cenário que as redes sociais adquirem importância, pois, em seu elemento constitutivo, trazem uma nova possibilidade organizacional e, portanto, estrutural dos fluxos de conversação e da forma como o poder é exercido por meio dos relacionamentos nas redes.

Em "Sur Spinoza", Deleuze (1978) afirma que só existe uma única substância absolutamente infinita, ou seja, que possui todos os atributos, e aquilo que se chama de criaturas não são criaturas, mas sim os modos ou maneiras de ser dessa substância. Portanto, há uma única substância possuidora de todos os atributos e cujos produtos são os modos, as maneiras de ser. Assim, sendo as maneiras de ser da substância que possui todos os atributos, esses modos existem e estão compreendidos nos atributos da substância. Gabriel Tarde (2007) indica uma aproximação entre Leibniz e Espinosa, fazendo um link entre a ideia das mônadas e a da substância na obra de Espinosa. No entanto, ao falar dos atributos da substância, Deleuze aponta, de certa forma, para diversas qualidades ou para a multiplicidade. Logo, isso me faz pensar nos modos como essas substâncias se relacionam. O afeto, ou melhor, aquilo que nos afeta, é um conceito de Espinosa. Somos afetados por boas ou más relações, portanto, temos diferentes composições com os ambientes e com pessoas na medida em que somos afetados de diferentes modos. Sobre o agenciamento com base nos afetos, no prefácio de *Monadologia e sociologia: e outros ensaios*, de Gabriel Tarde, Eduardo Viana Vargas assinala:

> Enfim, se as mônadas são meios universais, é porque não há agência sem outrem, não há existência fora da relação, não há relação sem diferença. Logo, se a sociedade é a possessão

recíproca de todos por cada um, é porque os processos de composição social não se realizam independente das micropolíticas da possessão que os constituem enquanto tais e que, portanto, lhes são imanentes. (Vargas *apud* Tarde, 2007, pp. 37-38)

Na construção de um espaço comum para a produção, os movimentos da web – pelos quais somos responsáveis por meio dos interesses compartilhados – têm transformado o mundo. Para Shirky (2008), falar on-line é publicar, e publicar on-line é estar conectado. Esse discurso conectado pode alcançar um público amplo e, por meio dele, a inovação e o poder. Falar na internet também é sobreviver.

A rede sociotécnica de grande complexidade é composta da riqueza dos nossos sentidos e das nossas faculdades, como também dos objetos, dos suportes, dos dispositivos e das tecnologias. O importante é pensar não na tecnologia em si, como prótese ou extensão, mas como um processo contínuo de delegação e distribuição das atividades cognitivas que formam uma rede com os diversos dispositivos não humanos. Em outras palavras, uma rede de aprendizado, de circulação da informação.

A informação permite resolver de forma prática – por meio de operações de seleção, extração, redução e inscrição – o problema da presença e da ausência. A informação estabelece uma interação material entre o centro e a periferia. Como qualquer um pode interagir com a informação da maneira como quiser, sites de busca competem entre si, o que representa, para os usuários, a possibilidade de escolha e o surgimento constante de inovações. Não é necessário pedir permissão para estabelecer essa interação. Se você tem uma ideia, basta executá-la. E, toda vez que você faz isso, o valor da internet (rede) aumenta. Todo o valor da internet cresce na sua periferia.

O fato de estar trilhando caminhos obscuros, seguindo pelas bifurcações da vida, nos torna experimentadores em diferentes sentidos, como declara Jorge Luís Borges: "[...] eu sentia que o mundo é um labirinto, do qual era impossível fugir, pois todos os caminhos, ainda que fingissem ir ao norte ou ao sul, iam realmente a Roma" (Borges, 1998, p. 564). Eis um paradoxo!

O INFINITO DO MUNDO INTEIRO

A sociedade sempre funcionou em rede. Os seres humanos vêm se organizando em redes colaborativas desde o início dos tempos. Há muito que esse tipo de organização permite que sejamos capazes de transformar o mundo ao nosso redor, criando conhecimento e cultura de maneira coletiva. Não há sociedade se não houver redes com conexões que combinem os anseios, os interesses e os desejos das pessoas.

Algumas ideias podem ajudar a montar um cenário filosófico que possibilite a compreensão de uma sociedade que está na web. Não importa a maneira como nomeamos essa sociedade, pois um único substantivo não compõe as múltiplas realidades dessa experiência. Os termos informação, colaboração, conexão, atenção ou conhecimento complementam apenas em parte a definição da sociedade em que vivemos.

Gabriel Tarde (2005) nos apresenta uma visão da sociedade denominada por ele de "sociologia da conversação". Nessa análise, o autor trata da diferenciação entre o público e a multidão por meio do movimento social. Motivada por crenças e desejos pelos quais as pessoas são capazes de se imitar e continuamente propagar suas ideias, a multidão que se articula está permeada por públicos, formações conversacionais que emergem da influência dos meios de comunicação. Os meios são capazes de criar espaços para o compartilhamento de um interesse comum, que é vivenciado por públicos diversos. Por espaços de compartilhamento ou conversação, o autor refere-se a todo tipo de conversa cotidiana, cuja importância ou papel político não é, de maneira alguma, menor que seu papel linguístico. Segundo ele, o movimento do poder e as capacidades de intervir na realidade estão na origem da evolução das conversações. É da conversação do público que advém todo o movimento de inovação.

Baseada na filosofia de Leibniz (1991), a ideia de mônadas[4] é outra metáfora instigante da diversidade em Gabriel Tarde (2007). As mônadas são apresentadas como as partículas elementares, as substâncias simples de que os compostos são feitos. Portanto, elas são diferenciadas (dotadas de qualidades que as singularizam umas em relação às outras) e diferenciantes (animadas por uma potência imanente de mudança

---

4   A palavra mônada foi criada na época da Renascença por Giordano Bruno (1548-1600) para referir-se aos elementos das coisas. Em Leibniz, as mônadas passaram a ter um lugar definido na história da filosofia significando uma "substância simples" ou os elementos das coisas (Leibniz, 1991, pp. 123-125).

contínua ou de diferenciação). Além disso, ou por isso mesmo, elas dizem respeito às nuances do infinitamente pequeno, do infinitesimal que constitui toda e qualquer diferença.

Assim, a hipótese das mônadas implica a afirmação da diferença como fundamento da existência e, consequentemente, a renúncia ao dualismo cartesiano entre matéria e espírito e àqueles que lhe são correlatos (particularmente o dualismo entre natureza e sociedade, tão caro a Durkheim e a todos os pensadores do período da modernidade que procuravam separar os polos). A variação e o movimento da sociedade expressos em Gabriel Tarde têm como motivo a expressão de crenças e desejos pelos sujeitos. É pela expressão de subjetividade que se constrói o social, pelo choque e pela negociação de desejos.

Gabriel Tarde substitui a sociedade pelos sujeitos como quem troca o todo pelas partes. Ele propõe substituir o grande pelo pequeno, as totalidades e as unidades pelas multidões. Ou, se ação é a essência da mônada, é porque cada mônada já é multidão.

Sobre as mônadas de Leibniz, Cláudio Ulpiano (2008) as considera um espelho do universo que, ao ser apontado para um objeto, o reflete e o reproduz. Mais que isso: a mônada é finita, aquela que tem limites, contém em si o infinito do mundo inteiro. Por sua vez, no que diz respeito ao universo microssocial, Tarde (2007) esboçou, em sua teoria social, aspectos abrangentes, capazes de lidar com o caos e a complexidade sociais. Para Gabriel Tarde, existir é diferir, é a possessão que nos leva de uma existência a outra, de uma diferença a outra, analisa Latour (2005). A concepção da sociedade como um movimento é o grande diferencial da teoria de Tarde.

Creio que vivemos numa sociedade do "infinito do mundo inteiro", um espaço informacional que tende a crescer ao infinito. Teoricamente, não existe limite para o crescimento do fluxo de informação na web. Mas essa informação cresce numa lógica de rede distribuída. Em *O poder das redes: manual ilustrado para pessoas, organizações e empresas chamadas a praticar o ciberativismo*, David de Ugarte define uma rede distribuída por sua capacidade de continuar existindo mesmo que alguns nós sejam eliminados. O autor analisa essa afirmação em termos políticos, energéticos, culturais, etc.: "O que temos de ter em mente é que a fórmula da rede social que liberta e se desenvolve de forma equilibrada é naturalmente distribuída" (Rede de Tecnologia Social, 2008).

De acordo com Leibniz (1991), a lógica da mônada contempla o conceito de multiplicidade. As mônadas são entes porque têm qualidades. Isenta de qualidade, uma mônada seria indistinguível de outra, pois elas não diferem em quantidade. Contudo, a diversidade de qualidade nas mônadas implica a multiplicidade de formas das coisas que compõem o mundo, fazendo da mônada uma estrutura que pode ser compreendida como uma multiplicidade contida na unidade.

O MONSTRO REVOLUCIONÁRIO

A concepção de multidão deve ser compreendida não como simples reunião de muitas individualidades. A multidão é o monstro revolucionário das singularidades não representáveis, partindo da ideia de que qualquer corpo já é uma multidão e, por conseguinte, a expressão e a cooperação. A multidão é ela própria, uma individualidade, com sua própria potência, maior e mais diversa que a potência de cada corpo que a compõe.

De qualquer forma, a informação está sendo produzida, distribuída, modificada ou remixada numa velocidade estonteante, cuja natureza semiológica se constitui em um fenômeno novo que altera os processos sociais de construção de significados. Assim, recursos informacionais se tornam essenciais, deixando de ser simples artifícios de transmissão de conteúdos para se transformarem em dispositivos produtores de sentidos, configuradores de uma nova ecologia cognitiva, simbólica e digital.

Habermas (1997) aposta na autonomia potencial de agentes e falantes sociais diante desse quadro, por meio das pretensões veiculadas de validade criticáveis. Nesses termos, ele acredita que o movimento histórico, por meio de revoluções sociais, seria uma prova da relativização do poder vigente nesse âmbito. A citação a seguir é bastante esclarecedora em relação a esse ponto:

> Os *mass media* são capazes, simultaneamente, de hierarquizar, encolher e condensar os processos de comunicação, mas é somente em primeira instância que eles são suscetíveis de descarregar as interações de tomadas de posição afirmativas e negativas a pretensões de validade criticáveis; até mesmo as comunicações submetidas à abstração e condensadas não

poderiam ser postas ao abrigo em toda a quietude contra as possíveis contradições de atores responsáveis. (Habermas, 1997, p. 430)

Em sua teoria da ação comunicativa, Habermas (1987) vê os meios de comunicação se desenvolverem em termos de formas generalizadas de comunicação, de modo que essas formas passam a ser regidas por meios de controle sistêmico, como o poder e o dinheiro. Percebe-se aqui uma proposição da comunicação comprometida em sua dimensão simbólica, não obstante a autonomia dos indivíduos, com os meios de comunicação generalizados.

A hipótese do autor para essa questão é de que o processo comunicativo se difunde tão rapidamente por estabelecer uma metáfora de totalidade, tendo em seu interior uma replicação das instituições sociais. Seria, então, pela eficácia de suas analogias com o mundo que a ação comunicativa se expandiria. Essa proposição é interessante, porque traz à tona uma possibilidade de interpretação do fascínio exercido pela versão *mass media* do ciberespaço, a web. Ao estabelecer uma nova relação dos sujeitos com a tecnologia e com um meio cujo nível de interatividade até então inédito, a cibercultura é um campo privilegiado para o estudo das relações entre mídia e usuário.

Análises dessa natureza são enumeradas no inventário das problemáticas antropológicas relacionadas à cibercultura proposto por Arturo Escobar:

> Como as pessoas relatam seus *techno-worlds* (máquinas, corpos e natureza reinventados)? Se estão situadas diversamente em espaços tecnológicos variáveis (de acordo com etnia, sexo, classe social, localização geográfica, "capacidade psicológica"), como as experiências de tais pessoas sobre esses espaços se diferem? (Escobar, 1994, p. 217)

Segundo Manuel Castells (2006), existe uma transformação tecnológica e administrativa do trabalho e das relações produtivas dentro e em torno da "empresa emergente em rede", e esse é o principal instrumento pelo qual o "paradigma informacional e o processo de globalização afetam a sociedade em geral [...], em estágio avançado de transição à sociedade informacional e, portanto, podem ser usados para a observação do surgimento dos novos modelos de mercado e de trabalho" (Castells, 2006, p. 223).

Assim, nas sociedades mais avançadas, é possível detectar a presença de novas figuras sociais, como os "digitais", como afirma Domenico De Masi (2000), para quem o trabalho eventual só faz sentido se imbuído de criatividade, se marcado pela ética e pela estética e se permitir que o ócio seja parte integrante dele, não com um sentido pejorativo, mas como momento de refluxo, de repouso, de lazer, que, aliado ao estudo, jamais despreza o desejo e o prazer.

Entre outras reflexões teóricas que caracterizam a cultura contemporânea, encontram-se as noções de ecletismo, multiculturalismo, globalização, estandartização e, principalmente, hibridismo, mestiçagem e "remix", ou aquilo que chamamos ética hacker. Dessa forma, podemos compreender a proposição de inteligência coletiva de Pierre Lévy:

> Espaços vazios na rede, intervalos entre processos de construção e desconstrução, são espaços do saber que o intelectual coletivo pode ocupar desdobrando-se em um plano de imanência infinito, sem apropriação, sem inércia; é próprio dele deixar coexistir, acolher o ser em sua diversidade. (Lévy, 2003, p. 202)

Rogério da Costa (2004) analisa a generosidade com base no pensamento de David Hume, segundo o qual nossa generosidade é limitada por natureza. O que nos é natural é uma generosidade limitada. O homem seria, então, muito menos egoísta do que parcial. A verdade é que o homem é sempre o homem de um clã, de uma comunidade. Sendo assim, a essência do interesse particular não é o egoísmo, mas a parcialidade. Com efeito, os egoísmos apenas se limitariam.

> A capacidade de interação dos indivíduos, seu potencial para interagir com os que estão à sua volta, com seus parentes, amigos, colegas de trabalho, mas também com os novos vizinhos, com alguém novo no bairro ou no trabalho, etc. Quanto mais um indivíduo interage com outros, mais ele está apto a reconhecer comportamentos, intenções, valores, competências e conhecimentos que compõem seu meio. Inversamente, quanto menos alguém interage (ou interage apenas num meio restrito), menos tenderá a desenvolver plenamente essa habilidade fundamental que é a percepção do outro. [...] Ora, um dos aspectos essenciais para a consolidação de projetos

> coletivos, projetos que necessitam do engajamento de muitos em ações específicas é, sem dúvida, o sentimento de confiança mútua, que precisa existir em maior ou menor escala entre as pessoas. A construção dessa confiança está diretamente relacionada com a capacidade que cada um teria de entrar em relação com os outros, de perceber o outro e incluí-lo em seu universo de referência. (Costa, 2004)

Essa generosidade limitada está impregnada nos mutirões, no efeito "puxadinho colaborativo". É só chegar para ajudar o ser humano a ser mais feliz. Uma mobilização que vai além da boa ação, sendo cotidiana e despretensiosa.

A MULTIDÃO DE COMUNS

Citado por Cláudio Ulpiano (2009) acerca de uma análise de pensamento e liberdade, Espinosa inspira a ideia de que o homem só está em liberdade quando se encontra num processo de inovação. Nesse momento, o homem não é subalterno; logo, é livre. "O homem livre é, pois, levado por uma tão grande força de alma a fugir oportunamente, como a combater; por outros termos, o homem livre escolhe com igual força de alma, ou seja, com a mesma presença de espírito, o combate ou a fuga" (Espinosa, 1973, p. 273).

A audácia do movimento, da ação, é a condição da liberdade do homem. Essa inspiração influenciou a filosofia de Hardt & Negri (2005), que, ao compor uma análise das relações de produção na pós-modernidade, resgatam a teoria marxista. Para esses autores, o aspecto central da produção imaterial é a sua relação íntima com a cooperação, a colaboração e a comunicação – em suma, sua fundamentação no comum. Ao descrever uma ruptura na unidade temporal de trabalho como medida básica de valor, apesar de o trabalho efetivamente continuar sendo a fonte essencial de valor na produção capitalista, os autores descrevem o surgimento do chamado "trabalho imaterial", performático, baseado na comunicação e na produção do comum. Referindo-se ao termo "comum", Hardt & Negri ressaltam o conteúdo filosófico da palavra, deixando claro que comunicação, colaboração e cooperação não apenas se baseiam no comum, mas são capazes de produzir o comum: "Em outras palavras, o próprio trabalho, através das transformações da economia, tende a criar redes de cooperação e comunicação e a funcionar dentro delas" (Hardt & Negri, 2005, p. 14).

Em rede, não é apenas a produção de ideias, imagens e conhecimentos que é conduzida em comum. O trabalho imaterial não é produzido só por aqueles que estão lidando diretamente com os meios de comunicação, mas todo o trabalho tende a se organizar em rede, desde o camponês que busca informações sobre determinada semente até os criadores de software. Nesse sentido, para Hardt & Negri:

> De maneira geral, a hegemonia do trabalho imaterial tende a transformar a organização da produção, das relações lineares da linha de montagem às inúmeras e indeterminadas relações das redes disseminadas. A informação, a comunicação e a cooperação tornam-se as normas da produção, transformando-se a rede em sua forma dominante de organização. (Hardt & Negri, 2005, pp. 155-156)

Um conceito fundamental que se opõe ao conceito de massa, preconizando a multiplicidade de formas singulares de vida, é o conceito de "multidão". A multidão abarca um mundo de singularidades que operam em torno de um comum. É por meio da multidão que a democracia pode se estabelecer em meio à produção capitalista. No conceito de "multidão", há uma contradição implícita em oposição ao poder soberano.

> Contra todos os avatares da transcendência do poder soberano (e nomeadamente o do "povo soberano"), o conceito de multidão é o de uma imanência: um monstro revolucionário das singularidades não representáveis; parte da ideia de que qualquer corpo já é uma multidão, e, por conseguinte, a expressão e a cooperação. É igualmente um conceito de classe, sujeito de produção e objeto de exploração, esta definida como exploração da cooperação das singularidades, um dispositivo materialista da multidão poderá apenas partir de um tomada prioritária do corpo e a luta contra a sua exploração. (Hardt & Negri, 2005, p. 172)

Para Hardt & Negri, a multidão tem como base o conceito marxista de classe. No entanto, essa definição entra em contradição com a própria estrutura de rede distribuída. Apesar de dominante, o capitalismo não consegue mais sustentar a lógica da acumulação e do trabalho. Seus principais alicerces – a economia, o paradigma da ética burocrática e a cultura de massas – estão em crise. Essa crise aponta a necessidade de uma nova ordem, uma reestruturação. Marx escreveu sua crítica em *O capital*, num momento em que a sociedade industrial estava aflorando, mas não se apresentava, ainda, como o paradigma dominante.

Em relação ao capitalismo, a tradição marxista clássica prescreve que os protagonistas da política sejam as classes sociais. Entretanto, o conceito de multidão apresentado por Hardt & Negri (2005) se opõe aos conceitos de classe e de massa como formas rígidas de segmentação. A segmentação das classes sociais é molar, estriada e separa a sociedade em grupos opostos entre si de forma rígida. As massas, ao contrário, são agrupamentos moleculares, lisos, que se mesclam entre si. Nesse sentido, as "massas" seriam agrupamentos hábeis, transversais, não consolidados, instáveis, extremamente móveis e nômades.

No entanto, mais do que perceber a razão da motivação das pessoas em projetos colaborativos, é importante observar que as relações sociais podem mobilizar mais que o dinheiro em si. A influência uns dos outros na participação colaborativa é determinante para o engajamento da multidão.

O COMPORTAMENTO RIZOMÁTICO

A multidão está em rede, e a rede age por rizomas. O comportamento em rede é desterritorializado. Não há propriedade onde prevalece a sociedade da fartura. Esta é, para nós, a metáfora de rede e rizoma. O modelo é simples e virtual, ou seja, qualquer pessoa com um computador conectado à rede tem a possibilidade de participar do espaço informacional. Numa multidão hiperconectada, o conhecimento livre tende a se expandir. A prática do conhecimento livre traz a reboque uma série de novos paradigmas que dialogam em tempo real com os enunciados que até agora deram sustentação filosófica à humanidade. Segundo Deleuze e Guattari:

> Um rizoma como haste subterrânea distingue-se absolutamente das raízes e radículas. Os bulbos, os tubérculos, são rizomas. Plantas com raiz ou radícula podem ser rizomórficas num outro sentido, inteiramente diferente: é uma questão de saber se a botânica, em sua especificidade, não seria inteiramente rizomórfica. Até animais o são, sob sua forma matilha; ratos são rizomas. As tocas o são, com todas suas funções de hábitat, de provisão, de deslocamento, de evasão e de ruptura. O rizoma nele mesmo tem formas muito diversas, desde sua extensão superficial ramificada em todos os sentidos até suas concreções em bulbos e tubérculos. Há rizoma quando os ratos deslizam uns sobre os outros. Há o melhor e o pior no rizoma: a batata e a grama, a erva daninha. Animal e planta, a grama é o capim-pé-de-galinha. Sentimos que não convenceremos ninguém se não enumerarmos certas características aproximativas do rizoma. (Deleuze & Guattari 1995a, p. 15)

Deleuze & Guattari (1995a) contrapõem essa noção de rizoma à noção de árvore. A metáfora das ramificações arborescentes nos ajuda a entender uma espécie de programa mental. Árvores são plantadas em nossa mente: árvore da vida, árvore do saber, etc. E o poder, na sociedade, é sempre arborescente – a metáfora visualiza, comunica melhor o sentido dessa estrutura que representa a hierarquia. Porém, na organização do saber, quase todas as disciplinas passam por esquemas de arborescência: a biologia, a informática, a linguística (os autômatos ou sistemas centrais).

De acordo com Parente (2004) não se trata de uma simples metáfora (no sentido linguístico), mas, sim, do que se pode entender por essa metáfora: que existe todo um aparato que se "planta" no pensamento, um programa de funcionamento para obrigá-lo a ir pelo "bom" caminho das ideias "justas". O modelo de árvore clareia a maneira como se articulam, na comunicação social, os esquemas de poder. Entretanto, para Deleuze & Guattari (1995a, p. 37), "um rizoma não começa nem conclui, ele se encontra sempre no meio, entre as coisas [...]. A árvore é filiação, mas o rizoma é aliança [...]. A árvore impõe o verbo 'ser', mas o rizoma tem como tecido a conjunção 'e... e... e...'". Há, nessa conjunção, força suficiente para sacudir e desenraizar o verbo "ser". Entre as coisas, ela não designa uma correlação localizável que vai de uma para outra e reciprocamente, mas uma direção perpendicular, um movimento transversal que as carrega uma e outra, riacho sem início nem fim, que rói suas duas margens e adquire velocidade no meio.

Essas características das redes podem ser aplicadas aos organismos, às tecnologias, aos dispositivos e também à subjetividade. Somos uma rede de redes (multiplicidade), cada rede remetendo a outras redes de natureza diversa (heterogênese), em um processo autorreferente (*autopoiesis*). Esse rizoma se regenera continuamente por meio de suas interações e transformações.

Em *The Wisdom of Crowds* (*A sabedoria das multidões*), James Surowiecki faz uma colocação sobre diversidade e independência, uma vez que:

> [...] as melhores decisões coletivas são produto de desacordos e contestações, ausência de consenso ou compromisso. Um grupo inteligente, especialmente quando se vê confrontado com problemas de cognição, não pede a seus membros que mudem suas posições, mas deixa que o grupo tome uma decisão de acordo com o que cada um sinta o que é melhor para ele. Em vez disso, ele calcula como usar outros mecanismos – como os de preços de mercado ou sistemas de votação inteligente – para agregar e produzir julgamentos coletivos que não representem o que uma pessoa do grupo pensa, mas antes, em certo sentido, o que todos pensam. Paradoxalmente, o melhor modo de um grupo ser inteligente é cada membro dele pensar e agir com o máximo de independência possível. (Surowiecki, 2005, pp. XIX-XX)

A multidão se faz na inteligência das relações e das multiplicidades entre as partes.

PRODUÇÃO BIOPOLÍTICA

Desde a revolução de Gutenberg, a humanidade não apresentou algo tão original como a internet para o rompimento do paradigma cultural efetivado pelo modernismo. A conversa de muitos para muitos tem um alcance espetacular na relação de poder. Foucault inaugura uma análise desse tipo de relação de poder ao afirmar que:

> [...] se deve compreender o poder, primeiro, como a multiplicidade de correlações de forças imanentes ao domínio onde se exercem e constitutivas de sua organização; o jogo que, por meio de lutas e afrontamentos incessantes, as transforma, reforça, inverte; os apoios que essas correlações de força encontram umas nas outras, formando cadeias ou sistemas ou ao contrário, as defasagens e as contradições que as isolam entre si; enfim, as estratégias de que se originam e cujo esboço geral ou cristalização institucional toma corpo nos aparelhos estatais, na formulação da lei, nas hegemonias sociais.
> (Foucault, 1993, pp. 88-89)

Para Foucault (2005), o poder provém de todas as partes, em cada relação entre um ponto e outro. Essas relações são dinâmicas, móveis, e mantêm ou destroem os esquemas de dominação. A correlação de forças imanentes é expressa na rede como zonas de colaboração, cujo conceito é o espaço informacional em que as pessoas comuns estão engajadas no desenvolvimento de comunidades, de relações, nas conversações.

A noção de biopolítica foi forjada por Foucault para designar uma das modalidades de exercício do poder sobre a população no sentido de massa global. Hardt & Negri (2005) e Maurizio Lazzarato (2004) propõem uma pequena inversão conceitual. Para esses autores, a biopolítica deixa de ser a perspectiva do poder sobre o corpo da população e suas condições de reprodução, sua vida. A própria noção de vida deixa de ser definida apenas em termos dos processos biológicos que afetam a população. É preciso insistir no fato de que a atividade implícita no trabalho imaterial permanece, em si, material – ela engaja nosso corpo e nosso cérebro, como em qualquer trabalho. O que é imaterial é seu produto. E, desse ponto de vista, nós admitimos que a expressão "trabalho imaterial" é bastante ambígua. Talvez por isso seja preferível falar de "trabalho biopolítico", isto é, um trabalho que cria não somente bens materiais, mas também relações e, em última instância, a própria vida.

O MUNDO DE PONTAS

Em *World of Ends*, Weinberger & Searls (2003) argumentam que, ao olharmos para um poste, vemos redes como fios. Mas a internet é diferente. Não é fiação. Não é um sistema. E não é uma fonte de programação. A internet é um modo que permite a todas as coisas que se chamam redes coexistirem e trabalharem em conjunto. É, literalmente, uma "inter-net" (inter-rede). O que faz a "net" ser "inter" é o fato de ela ser apenas um protocolo, mais precisamente, o "protocolo internet" (*Internet Protocol*, IP).

Um protocolo é um acordo acerca de como fazer as coisas funcionarem em conjunto. O "protocolo internet" não especifica o que as pessoas podem fazer na rede, o que podem construir na sua periferia, o que podem dizer ou quem pode dizer. O protocolo simplesmente indica: se você quer trocar bits com outros, é assim que se faz. Se você quer conectar um computador (ou um celular, ou uma geladeira) à internet, você tem que aceitar o acordo que é a internet.

Conforme Galloway (2004), esse protocolo não apenas estabelece o controle, mas representa fundamentalmente a tecnologia de inclusão; a abertura é a chave para essa inclusão. A cultura hacker percebe a imaturidade desses protocolos e propõe uma nova ética, que vem, não para romper os paradigmas (que ainda não existem), mas, sim, para forjar um novo modelo. Esses argumentos e essas ideias me levam a pensar na internet como um espaço para agenciamentos, que possibilita saltos muito perceptíveis, tanto em relação às transformações no comportamento ético quanto na ação direta da microfísica do poder.

Dessa "espuma informacional", emergem novas formas de interação. Listas de discussão, blogs, flogs, tweets, posts no Facebook, mensagens instantâneas ou qualquer outra ferramenta que conecte grupos. Esses grupos formam focos de movimentos sociais. Quanto mais engajado for o projeto, mais intensa será a ação coletiva. Mas é especialmente esse "fuzuê informacional" que torna possível a catalisação do agenciamento coletivo.

Numa multidão hiperconectada, o conhecimento livre tende a se expandir. A prática do conhecimento livre revela uma série de novos paradigmas que dialogam em tempo real com os enunciados que até agora deram sustentabilidade filosófica à humanidade. Nesses momentos, presenciamos mudanças drásticas nos agenciamentos sobre propriedade intelectual e liberdade de expressão e também nas políticas de comunicação. E isso é apenas o início da revolução não televisionada.

No artigo "Post-Scriptum sobre as sociedades de controle", Deleuze (1992) constata a passagem da sociedade disciplinar para a sociedade de controle. Segundo ele, não precisamos mais da forma de enclausuramento das instituições disciplinares, pois o controle pode ser exercido ao ar livre, sobre os fluxos. Isso significa que não precisamos mais de muros para controlar. O controle se faz pela interação e em rede.

Perguntamos então: será que a sociedade não estaria engendrando uma espécie de prisão, ainda mais aperfeiçoada que todas as outras, por intermédio da conexão ao ciberespaço, pela virtualização das relações humanas, pela ubiquidade, ou por qualquer outra tecnologia que nos permita ir a todos os lugares sem sair do lugar? Michel Serres *apud* Parente (2004), chama essa condição de "pantopia", que significa todos os lugares em um só lugar e cada lugar em todos os lugares. Enquanto para Paul Virilio (2000), esse movimento seria negativo, para Serres ele é positivo.

Se o espaço do enclausuramento tende a migrar para as relações com o ciberespaço, para Virílio, isso representa o fim do espaço, pois, "chegaremos ao tempo em que não haverá mais campo de tênis, mas um campo virtual; não haverá passeio de bicicleta, mas exercícios em um *home trainer* [...], o espaço não se estenderá mais" (Virílio *apud* Parente, 2004).

Essa ideia de que ciberespaço é o fim do espaço, ou de que a ubiquidade absoluta anula todo o espaço, é uma utopia tecnológica. Logicamente, isso não nos torna mais humanos. Contudo, numa simples navegação por sites e blogs, podemos perceber que essa ruptura nos sugere um novo bom senso, muito mais humanista, que potencializa a colaboração entre as pessoas, pois a conexão e a preocupação nos fazem humanos.

A relação entre mistura e conexão formada pela rede acaba criando um espaço diferente. É a reconfiguração do espaço que iguala o físico e o virtual: todos os lugares num só lugar e cada lugar em todos os lugares. Na internet, a informação é o mundo. Se a informação é o mundo e se este mundo está em rede, então temos tanto a possibilidade de ter todos os lugares quanto a de estar em todos os lugares. Assim, "pantopia" remete tanto à utopia quanto ao espaço heterotópico, que em Foucault aparece como os diversos agrupamentos dos diferentes tempos e espaços.

O ciberespaço, ou o espaço informacional, não significa a anulação do espaço, mas apenas a realização tecnológica do espaço topológico. Ou seja, no ciberespaço, vivemos relações de vizinhança, espaço de conexões, heterotópico e pantópico. O espaço, segundo Foucault, passa a ser definido pelas relações de vizinhança entre pontos e elementos, formando séries, tramas, gráficos, diagramas, redes, remixando, assim, Espinosa: liberdade é uma conquista, não um direito.

O crescimento dessa mídia binária é muito rápido. Na internet, estamos adotando as tecnologias numa velocidade absurda. Existe uma diferença em relação aos outros meios. As pessoas estão conversando na rede de uma forma muito peculiar. Usamos e-mails, blogs, listas, Twitter, chats e redes sociais para reverberar as palavras. A sedução espiritual da web é a promessa do retorno da voz da multidão invisível. Queremos resgatar a capacidade de comunicação.

No fim dos anos 1990, entramos nessa onda sem saber exatamente para que servia a internet. As pessoas logo entenderam que é mais barato falar na rede. Além disso, a distribuição livre de informação deixava as pessoas mais inteligentes, mais capacitadas para participar do dinamismo da web. Afinal, sempre quisemos falar para o mundo, recuperar a "voz perdida" e romper com a hierarquia das organizações, mostrando o nosso valor.

O Manifesto Cluetrain expôs os mercados como conversações. E essa conversação faz as pessoas se aproximarem para uma auto-organização da sociedade civil. Esta é a proposta do movimento dos códigos livres: uma organização colaborativa, anárquica e disforme, poderosa pela essência que une as pessoas num projeto comum. A rede faz esse movimento aflorar, apavorando o grande monopólio, as grandes corporações, os acordos dos mestres capitalistas. No entanto, a revolução digital ganha corpo. É difícil combater a organização de pessoas comuns; ela é emergente, funciona nos links.

Direta ou indiretamente, estamos todos linkados. As pessoas se linkam umas às outras por laços ou nós de vários tipos. Esses, por sua vez, se constituem como matéria interessante para analisar as relações entre as pessoas, as culturas, as instituições e as sociedades.

Link é poder. Refletindo sobre esse poder ao longo da história, percebemos que a sociedade não estaria constituída da maneira como a conhecemos se não fosse pela articulação das pessoas, por interesses, laços familiares ou quaisquer outras manifestações humanas que levem uma pessoa a se relacionar.

A rede é a anfetamina das conversações. Esse parlatório está modificando toda a estrutura de poder. Pessoas comuns falando e desenvolvendo projetos pessoais repercutem novas ideias, o que acaba desequilibrando as relações entre os mercados e as empresas. A internet trouxe a ideia de revolução, mas também críticas inequívocas acerca de como a sociedade moderna está estruturada. Romper paradigmas significa destruir os preconceitos nos quais estamos inseridos.

Com base nesse ponto de vista da conversação em rede, abordaremos a pesquisa sobre as zonas de colaboração e, mais especificamente, sobre o movimento da MetaReciclagem. O que interessa nesse momento é compreender como um grupo emergente, que se forma como uma multidão hiperconectada, tem conseguido causar impacto em várias instâncias, desde projetos independentes de apropriação tecnológica até a política pública de inclusão digital no Brasil.

Dessa forma, por meio de uma proposta de qualificação, estaremos retomando a análise da MetaReciclagem, desenvolvendo o objeto de estudo sob o viés das intervenções comunicativas do movimento como mídia tática, uma subversão tática da mídia. Subversão no sentido de inversão, de desvio do uso tático. Para Garcia e Lovink, a mídia tática representa o uso mais crítico dos "aparelhos" de mediação para o "questionamento das informações circulantes de um modo bem mais participativo e questionador que as mídias convencionais" (Garcia & Lovink, 1997).

A mídia tática não visa repetir o conceito de comunicação de massa, mas, sim, subverter pela negação e pela reciclagem da linguagem imposta. É a revolução dos mercados, que sentem que a comunicação de massa não atende aos anseios da sociedade e buscam a descentralização da informação. Segundo Garcia e Lovink (1997), esse movimento "atinge, assim, um público amplo e de diversas classes sociais, com múltiplas e criativas (não utópicas, ilusórias e imparcial) visões sobre fatos relativos a sociedade, política, ecologia, educação, cultura, conspirações". Algumas vezes, a proposta do movimento, ou seja, a apropriação da tecnologia se confundirá com a própria ação comunicativa.

Buscar pelos resultados das zonas de colaboração, espaços informacionais de TAZes flutuantes, é o foco do próximo capítulo deste livro. Conforme Bey (2001), observar as zonas temporárias autônomas e suas ações livres é o objeto desta pesquisa, mais propriamente tornar esses movimentos em rede perceptíveis por meio da investigação na MetaReciclagem, uma conversação em rede que teve início nos idos de 2002 e permanece até hoje como uma TAZ na qual a potência da apropriação e da colaboração do conhecimento por meio das ferramentas de conversação parece ser algo possível de se observar.

Cada um é cada um

A prática da MetaReciclagem parece dar certo. Para entender o impacto de como a cultura da colaboração está agenciada, é necessário sair da teoria e compreender o que está sendo feito. No entanto, fica faltando um percurso final.

Esses argumentos e essas ideias nos levam a pensar na internet como um espaço de agenciamento, mas que permite saltos acentuados, tanto da ética quanto da ação direta na microfísica do poder. Nesse contexto, a MetaReciclagem é uma conversação em rede focada no trabalho imaterial, um tipo de interconexão que acontece em tempo real, uma conversação engajada com uma expectativa existencial otimista em relação às possibilidades de mudanças e de revoluções. A MetaReciclagem privilegia o diálogo. E esse diálogo acontece de muitas maneiras. Temos à nossa disposição várias redes de conversas. No caso da rede MetaReciclagem, escolhi atuar em várias delas: intervenção nas listas de discussão, mensagens pelo Twitter, e-mails e mensagens em qualquer outra rede à disposição.

Para compreender esse impacto, era preciso ouvir as vozes que emergem na comunidade. Não estou me referindo a conversas do cotidiano, mas estou em busca de uma informação mais reflexiva do que faz essa rede ter um impacto importante. Assim, interessa entender como os conceitos que transpassam pela ética hacker, pela colaboração e por outras liberdades são agenciados pelo coletivo.

Por meio das duas perguntas a seguir, eu poderia obter respostas tão abrangentes e tão amplas a ponto de possibilitar uma análise mais completa. O pedido foi para soltar a voz:

1. Os debates que aconteceram e que acontecem na rede MetaReciclagem (listas de discussão, conversas, encontros, palestras) contribuíram ou contribuem para gerar apropriação da tecnologia e transformação social? Em que sentido?
2. Na sua opinião, as características da rede (multiplicidade, compartilhamento, produção de subjetividade, conversação) são capazes de gerar transformações e intervenções no contexto social e econômico brasileiro? Como? Dê exemplos.

Para processar toda essa massa de dados, optei pela análise de conteúdo. Na verdade, esse tipo de análise estabelece categorias para avaliar o conteúdo ou organizar expressões dos produtos coletados dos meios de comunicação. Trata-se um método útil para garantir a confiabilidade das suas *medias*, garantindo que diferentes pesquisadores o utilizem da mesma maneira. O método de análise de conteúdo também assegura a validade dos achados por meio de contagem do uso de palavras ou definições de categorias com base em trechos extraídos de um conjunto de textos que formam um *corpus* relevante para o tema pesquisado. A análise de conteúdo proporciona a redução e a simplificação de grande quantidade de dados em segmentos organizados. Do mesmo modo, cabe ressaltar algumas limitações da técnica, entre elas, a principal seria que, por estabelecer um conjunto determinado de categorias, a análise temática desvia a atenção de atividades não categorizadas do material coletado.

As ferramentas de visualização de conteúdos em nuvens (nuvens de tags) utilizam uma metodologia muito parecida. Sites como o Many Eyes[5] e o Wordle[6] nos apresentam nuvens de contagem do uso de palavras, e o resultado são gráficos de frequências.

De acordo com Bardin,

> Fazer uma análise temática consiste em descobrir os "núcleos de sentido" que compõem a comunicação, e cuja presença ou frequência de aparição podem significar alguma coisa para o objetivo analítico escolhido. [...] O tema é geralmente utilizado como unidade de registro para estudar motivações de opiniões, de atitudes, de valores, de crenças, de tendências, etc. (Bardin, 2009, p. 131)

No caso desse trabalho, optei pelo recorte da categoria "agenciamentos coletivos".

---
5 Disponível em http://www.many-eyes.com. Acesso em 11 set. 2013.
6 Disponível em http://www.wordle.net/. Acesso em 11 set. 2013.

AS CONVERSAS

Com base nas informações quantitativas obtidas no ambiente virtual, foram observadas as possíveis formações de zonas de colaboração, que também se configuram pela concentração da troca de posts entre os participantes ao longo dos anos.

Essas trocas culminaram, ao longo do tempo, em projetos espalhados pelo Brasil (esporos e conecTAzes), orientações em rede, questionamentos e ações colaborativas. Esse olhar sobre os dados visa mostrar a ocorrência de interações ao longo dos anos no movimento da rede MetaReciclagem, dando prosseguimento à investigação proposta neste trabalho de pesquisa: de que forma o processo de comunicação instaurado a partir da MetaReciclagem constituiu zonas de colaboração entre os participantes e resultou ações de intervenção em situações e contextos sociais no Brasil?

Os dados apresentados aqui têm como objetivo complementar a pesquisa, dando a conhecer aos leitores algumas características do movimento e das conversações que acontecem no MetaReciclagem ao longo dos anos. O recorte temporal aplicado foi de agosto de 2005 (período em que foi adotada a ferramenta Gmane) a maio de 2010. É importante mencionar para o leitor que, como variáveis apresentadas, os termos "post" e "conversas", ou as expressões "posts trocados" ou "conversas ocorridas", foram considerados sinônimos na apresentação dos dados, principalmente na apresentação do número de posts trocados entre os membros da rede MetaReciclagem ao longo dos meses dos anos mencionados.

MEMBROS DA METARECICLAGEM

Em 2002, no início da rede MetaReciclagem, o número de participantes da lista variava entre 6 e 10 pessoas. Esses participantes foram os principais fundadores do movimento de conversação. Infelizmente, não foi possível acompanhar o aumento do número de participantes da MetaReciclagem no período de recorte temporal proposto por esta pesquisa (do segundo semestre de 2005 ao primeiro semestre de 2010). Somente em 2009 atentou-se para o número de membros do movimento, que variava entre 450 e 460 pessoas. No primeiro semestre de 2010, havia 509 participantes na lista.

Sobre o considerável aumento do número de participantes da rede MetaReciclagem de 2005 a 2010, é importante propor uma avaliação positiva da capacidade de essa rede continuar atraindo pessoas por meio de uma proposta colaborativa de conversação em rede, cuja tendência temática de construção de algo comum entre as pessoas vem sendo sintomática em razão dos temas abordados pelo grupo na rede. Um exemplo da importância dos temas propostos pelo grupo é a questão da MetaReciclagem – reciclagem de computadores e demais TICs –, temática que vem despertando interesse de públicos diversos desde o início da internet no Brasil, em 1996, tendo em vista o rápido processo de obsolescência de computadores e outras tecnologias de comunicação, principalmente os telefones celulares.

No sentido de reúso e reciclagem de computadores, a MetaReciclagem é apenas um entre os temas de discussão do movimento ou da lista da MetaReciclagem. Desde 2002, o movimento se desdobra em discussões acerca da internet no Brasil, em ações e projetos de MetaReciclagem que atuam fora do movimento, em discussões teóricas acerca das características e da cultura em rede dos internautas, em empresas, ONGs e em diversos eventos artísticos divulgados e realizados por integrantes do grupo.

REDE DE AFETOS

Pela análise dos dados quantitativos apresentados (Tabela 1), nosso objetivo foi representar os "momentos" ou os "estados" das conversas ocorridas ou "trocadas" em rede na MetaReciclagem. Assim, observamos uma dinâmica de constante comunicação e troca na rede MetaReciclagem. As conversações ocorreram sem interrupções, uma vez que, em todos os meses dos anos estudados, foram registradas ocorrências de interação entre os participantes.

TABELA 1. NÚMERO DE POSTAGENS NA LISTA DA METARECICLAGEM POR ANO

Ano	Número de postagens
2005*	2.353
2006	9.055
2007	7.539
2008	5.730
2009	9.298
2010**	2.630
Total	36.605

Fonte: Disponível em http://rede.metareciclagem.org.
* Período 5 meses (de agosto a dezembro de 2005).
** Período de 5 meses (de janeiro a maio de 2010).

A rede apresenta a possibilidade de cada participante estabelecer um projeto próprio, autônomo, de acordo com uma demanda local ou regional, com base em uma metodologia de replicação e troca de conhecimentos entre os participantes da MetaReciclagem. Acompanhando essa troca pelas listas de discussão, anualmente, há projetos, reuniões e eventos presenciais para a troca de ideias e experiências entre os participantes, o que torna a disseminação da MetaReciclagem um processo comum, em que cada um dos participantes é capaz de desenvolver a sua própria rede Meta.

Entretanto, as ideias, as conversações e as ações resultantes do movimento serão apreendidas com base na proposta de análise temática efetuada nessa pesquisa do *corpus*, que reuniu as mensagens trocadas na lista de discussão entre os membros da rede MetaReciclagem sobre o tema de investigação: uma reflexão sobre as ações da MetaReciclagem ao logo dos anos na rede e sobre a influência nas políticas públicas no Brasil.

OS RESULTADOS

Por meio da técnica de análise de conteúdo e da análise temática categorial de expressão, de acordo com Bardin (2009), foi possível extrair do *corpus* de pesquisa (ao todo foram 44 mensagens/respostas trocadas entre os participantes da lista da MetaReciclagem) cinco categorias principais de análise.

Essas cinco categorias principais incorporam unidades de registro, frases e expressões que foram classificadas conforme as ocorrências de frequência nas conversas dos integrantes da MetaReciclagem, de acordo com os seguintes critérios:

1. ZONAS DE COLABORAÇÃO: englobou as expressões e as "falas" referentes à conversação e ao diálogo efetuados na rede MetaReciclagem e, como consequência, a potência gerada por essas conversações, bem como referências ao sentimento de pertencimento e à ação em multidão;
2. AGENCIAMENTOS COLETIVOS: exemplos de projetos, relatos de experiências pessoais e transformações sociais, bem como o relato sobre o surgimento de parcerias que se desenvolveram ao longo dos anos na rede MetaReciclagem;
3. CARACTERÍSTICAS DA REDE: comentários dos participantes da MetaReciclagem sobre a internet e suas características, com o propósito de identificar quais características da internet, na opinião dos integrantes do movimento, facilitaram a ação da MetaReciclagem ao longo dos anos;
4. APROPRIAÇÃO DA TECNOLOGIA SOCIAL: expressões e relatos, bem como o conceito sobre o que é apropriação da tecnologia social e como essa ação de apropriação ou o seu processo é compreendido pelos participantes da MetaReciclagem;
5. METODOLOGIA/REPLICAÇÃO: menções e expressões que tratam exclusivamente da metodologia de replicação da MetaReciclagem. Essa categoria foi incluída em razão da hipótese de que a metodologia constitui um dos aspectos centrais por meio do qual projetos e intervenções gerados pela internet são capazes de se difundir e alcançar outros espaços de atuação na sociedade.

Foi possível observar a frequência dos termos "transformação social", "rede de pessoas" e "experiência", que se destacaram nas frases dos integrantes da MetaReciclagem. Essa configuração representa o modo como seus integrantes percebem as ações inseridas nos denominados "agenciamentos coletivos".

Além desses, outros termos merecem curioso destaque, como "participação", "ações públicas", "apropriação", "projetos", "trabalhos", "inclusão digital", "contexto", "relato". Essas expressões dizem respeito às ações realizadas e relatadas por integrantes do movimento em diferentes partes do Brasil, entre elas o que foi apresentado neste trabalho como esporos, conecTAZes e outras experimentações, intervenções e políticas.

1. ZONAS DE COLABORAÇÃO: o tema mais tratado nas conversações propostas pela pesquisa foi o que se denomina de zonas de colaboração. Identificamos 87 registros nessa categoria, extraídos das falas dos integrantes da MetaReciclagem. As zonas de colaboração têm a ver, sobretudo, com as pessoas, as conversas, as ideias e o movimento das pessoas em rede. A MetaReciclagem foi citada como exemplo e significado de zonas de colaboração. Essas zonas também parecem expressar as possibilidades de encontros e compartilhamentos de debates, a noção de bando, de pertencimento e de poder ocupar espaços diferentes. A ética hacker é retomada com o sinônimo de

solidariedade e colaboração, capaz de criar novas ideias e projetos colaborativos por meio das trocas.

2. APROPRIAÇÃO DA TECNOLOGIA SOCIAL: nessa categoria, foram registradas 60 ocorrências na comunicação entre os integrantes da MetaReciclagem. A essa categoria foi atribuído o significado de transformação social, aprendizado e articulação, principalmente por meio das práticas diferenciadas que acontecem na MetaReciclagem, em que as pessoas também têm sua importância reconhecida. A apropriação parece envolver tecnologias, objetos e também ideias e debates sobre o tema.

3. CARACTERÍSTICAS DA REDE: nessa categoria, foram classificadas 50 ocorrências de registros nas conversações. Na opinião dos integrantes da MetaReciclagem, as características da rede referem-se a possibilidades, transformações, pessoas e ferramentas. A rede não é uma só. São muitas as redes capazes de gerar novas formas de comunicação e novos usos. Também é possível observar a preocupação de propagar essas transformações ou memes em espaços ou interfaces diversas.

4. METODOLOGIA: talvez a categoria que mais se caracterize como peculiar no gráfico e na pesquisa seja "metodologia/replicação". Com o índice mais baixo de ocorrências, essa categoria recebeu apenas 39 menções nas conversações. Ainda assim, a metodologia apresenta maior variedade de termos mencionados entre os integrantes da MetaReciclagem, ocupando um lugar de destaque na rede por sua importância. Por meio da metodologia, é possível

obter a replicação e a propagação do movimento em outros agenciamentos coletivos. Entre suas funções, está o fato de servir como referência, base, ideia e forma de documentação. A metodologia da MetaReciclagem engloba palavras como "arte", "gambiarra" e "inclusão", permitindo a qualquer usuário a construção de iniciativas com base em um modelo em comum.

AS ZONAS DE COLABORAÇÃO

> As conversas representam e são a MetaReciclagem, a rede. *(depoimento, abril de 2010)*

> Há zonas de colaboração: são sinônimo de caos, confusão, estado de desequilíbrio ou lugar do prazer (do proibido e da liberdade temporária). *(depoimento, março de 2010)*

As zonas de colaboração ocorrem desde o início da MetaReciclagem. Os diálogos, as conversas, ocuparam lugar privilegiado com a proposta inicial de sair de uma lista de discussão mais técnica, que estava sendo realizada no movimento Metá:Fora, para um outro espaço de conversação – a MetaReciclagem –, no qual seria possível colocar a internet, a inclusão digital, em debate de maneira reflexiva, teorizando e compartilhando experiências práticas. Para além das discussões sobre softwares e ferramentas, a MetaReciclagem abordou a tecnologia dando preferência às pessoas. Nessas zonas de colaboração, foram descobertas quatro categorias importantes com base nas referências mencionadas pelos participantes da MetaReciclagem:

1. MULTIDÃO: refere-se tanto ao sentimento de "bando", de pertencimento, de não estar só, de fazer parte de um grupo importante, que possui e discute questões de interesse comum, quanto à potencialização de ideias em uma rede de afetos capaz de influenciar outras instâncias, como mostram os depoimentos a seguir:

   Sentimento de solidariedade, comunidade, bando.

   A singularidade se dá na pluralidade dos links e na forma de agregá-los, criando um todo de sentido dinâmico.

   Provoca as pessoas a reverem pontos de vista, hábitos, crenças e conhecimentos prévios, desde que as pessoas se disponham a sair de suas áreas de conforto e caminhem em direção às zonas de colaboração.

   Laços a mais.

   A necessidade do outro.

   Olhares diferentes, multiplicidade do movimento, outros agrupamentos, outra força de associações: pessoas e não pessoas.

   Efeito estranho: sensação diversa de pertencimento, para além da questão do pertencimento direto que é "vintesseculista".

   As pessoas se agrupam para fortalecer semelhanças, valores, hábitos ou ideias.

   Fazer parte do bando, não estar sozinho.

   Redes de afeto que nos tornam mais abertos e livres, criando novas possibilidades.

   O projeto MetaReciclagem hoje é compreendido como rede, englobando pessoas, máquinas, plantas, ideias, objetos cujo uso e cuja função estão constantemente em mutação.

> *O grau de distribuição dessa rede é fantástico e, se for pra contabilizar o tamanho da vitória, seria como organizar a areia da praia.*

2. ÉTICA HACKER: as zonas de colaboração possuem uma ética comum entre os integrantes da MetaReciclagem, o que corresponde à ética hacker ou à cultura hacker. Essa ética abrange a colaboração e a disseminação de conhecimento, e nela predomina a visão do conhecimento livre e acessível a todos (em dezoito ocorrências no total dos registros de comunicação analisados), podendo ser representada pelas seguintes expressões:

> *Forte desejo de compartilhar.*
> *Diálogo de uma nova ética hacker em novas instâncias.*
> *Novas possibilidades de aprender e ensinar outras pessoas.*
> *Grande liberdade imensa de deixar as coisas acontecerem ao seu próprio ritmo, permanecendo uma rede livre, em que o engajamento só acontece se as pessoas realmente quiserem.*
> *Uso do conhecimento adquirido por meio da rede e a reputação conquistada para respaldar ações locais.*
> *Compartilhamento muitas vezes se constrói de maneira autônoma: se faz sozinho para depois juntar.*
> *Compartilhar por acúmulo e sobreposição de ideias, ações, não se trata de uma criação coletiva com as agruras e o caos inerente ao árduo processo que se configuraria.*
> *Compartilhar: algo a mais que a simples disponibilização de informação, a sensação fugaz de conexão, a ilusão de proximidade e autonomia.*

> Copyleft, informalidade no acesso, redes wi-fi abertas e lan houses.
> O "espírito" metarecicleiro é fundamental, principalmente quando falamos das novas tecnologias e da inclusão digital em um país em pleno desenvolvimento e crescimento no cenário mundial.
> Estudos em conjunto, escritos em conjunto.
> Benefícios da relação e construção conjunta com o remoto: raqueamento criativo de espaços.
> Complexidade: ações que demonstram a inteligência do movimento.

3. ARTICULAÇÕES: as articulações aparecem em depoimentos nas zonas de colaboração, com o surgimento de parcerias e novas possibilidades de conversa e influência em outras áreas para além da MetaReciclagem (com dezesseis ocorrências observadas na amostra de depoimentos em análise). Entre os depoimentos mais significativos, encontramos:

> Nesse exercício de memória e reflexão, o que mais chama a atenção é a dimensão que as ideias tomaram, como fugiram do controle e se replicaram. Afinal, quem imaginaria lá em 2002 que hoje MetaReciclagem teria chegado a tantas pessoas que a entendem como práticas, ideias, conceito, redes, estilo de vida, etc.
> Os debates e as conversações são o nosso alimento; eles fertilizam projetos em várias regiões do país.
> Articulação da MetaReciclagem com instituições.
> Novos atores no movimento: ONGs e prefeitura.

> *Uso, apropriação, revitalização e potencialização de conexões. Associações e formação de uma rede interessante.*
> *MetaReciclagem: uma rede que influencia outras organizações ou projetos.*

4. CONVERSAÇÃO: a conversação é o elo que torna possíveis as zonas de colaboração. A simples proposta de conversar na lista de discussão e em outros espaços informacionais, como chats e blogs dos integrantes, utilizando outras ferramentas como Gtalk, Facebook, Orkut. Enfim, as conversações realizadas na rede viabilizaram e criaram novas possibilidades. Na MetaReciclagem, as pessoas são valorizadas para além do uso da tecnologia. A conversação também tem uma ação que rompe com a hierarquia e permite ter acesso e estar em lugares diferentes, jamais imaginados. É a conversação na MetaReciclagem que traz a potência de ação e de agenciamento de novos lugares na rede (e foram 23 as ocorrências que registraram depoimentos nesse sentido). Entre as ocorrências observadas, as mais significativas para esse tema são:

> *Debates como processo de crítica sociotécnica que está na base de criação da MetaReciclagem: não há como falar de MetaReciclagem sem falar de trocas comunicativas, encontros e desencontros, debates sobre como refazer, recolocar, recriar, recuperar...*
> *O ponto forte da MetaReciclagem é sua dinâmica cultural; ali, as conversas são simultâneas, transversais e inconclusas, em vez de um boletim de informações privilegiadas.*

Influência e potência.

O termo "MetaReciclagem" surgiu como insight *borbulhante entre mais de cem mensagens diárias que rolavam na lista do Meta:Fora. Era muita elaboração de ideias.*

As conversas representam e são a MetaReciclagem, a rede.

As ideias já estavam postas, e as pessoas, empoderadas.

O convívio e as trocas de bits e vozes.

Assumimos formas diferentes, dependendo de quem é o interlocutor.

Os debates da MetaReciclagem são fundamentais para se pensar processos de entendimento e interpretação, que ajudam a construir o sentido do que é tecnologia em um contexto.

Encontro gerador acontece, resulta da arte por tecnologia e do texto por palavras. Todas as vozes, as pessoas que participam da lista, de encontros e tudo mais se concentram em nós desatados que levam a polos distantes.

Anarquia e humildade intelectual para debate nas discussões.

Conversações: um bem público que se converteu em importante moeda de troca.

Ouço falar em MetaReciclagem, cultura digital e apropriação tecnológica por meio de amigos que trabalham com projetos de inclusão digital no Brasil e nos encontros de que participei.

A reflexão crítica das pessoas sobre seu meio e suas ações é instigada pelo grupo, e isso é sensacional.

Questões lógicas passam a ficar dissolvidas em inúmeros nós na rede, sem custo.

Redes de afeto que nos tornam mais abertos e livres, criando novas possibilidades.

Valorização das pessoas para além do uso da tecnologia.
O importante eram as pessoas e não as ferramentas.
O que fica ao longo dos anos no movimento: possibilidade de criar redes de conversas, conectar pessoas e motivações.

AGENCIAMENTOS COLETIVOS E TRANSFORMAÇÕES

Como resultado da intervenção provocada, podemos entender que a criação das zonas de colaboração por meio de ações comunicativas tem como aspectos rizomáticos as várias práticas de apropriação da tecnologia social. Nesse sentido, a evolução das conversações oriundas da web resulta em potência de intervenção em diversas situações sociais.

Na análise do conteúdo das conversações em rede, verificamos 144 menções à categoria "agenciamentos coletivos". Com base nessas ocorrências, podemos propor duas subcategorias: práticas e movimentos.

1. PRÁTICAS: referem-se a projetos, influências em outras instâncias, políticas públicas, ONGs, esporos e conecTAZes e demais aplicações da metodologia de replicação que resultam no funcionamento da MetaReciclagem, como observamos nos depoimentos a seguir:

> *Nos idos de 2001, 2002, a gente conversava sobre como ampliar os limites dos programas de inclusão digital. Temas como apropriação de tecnologia, software livre, hardware livre, infralógica e tríade da informação livre inspiraram as primeiras experimentações metarrecicleiras: Agente Cidadão, Parque Escola, AutoLabs, Mídia Tática.*

> *Preocupação na época inicial: como efetivamente aplicar aquilo tudo que conversávamos nos potenciais projetos que poderíamos atuar?*
>
> *Diferentes experimentações: Converse, Overmundo, Estúdio Livre... Laboratórios experimentais, meta-arte... Oficinas, hacklabs, mostras, amostras, viagens, parcerias no exterior, palestras, vídeos, estudos, teses, livros...*
>
> *A experiência observada na Meta, com o de uso de listas, blogues, conversações e a atuação descentralizada apoiada pela internet, trouxe elementos importantes para implantar o que chamamos de "gestão ao vivo" no programa Acessa SP.*
>
> *Exemplos de transformação social: Grande ABC, São Paulo e Santo André, no bairro Sacadura Cabral.*
>
> *Relato do processo colaborativo em rede, com participação de pessoas de diferentes instâncias da comunidade: administração pública, amigos, comunidade.*
>
> *Abordagem de políticas públicas a partir do lixo eletrônico.*
>
> *A prática como visão transformadora.*

Esses depoimentos demonstram como os participantes da MetaReciclagem percebem a ação por meio dos projetos, o que repercute a prática da MetaReciclagem no sentido de impactar os projetos governamentais de inclusão e cultura digital.

Assim, compreendemos que a relevância das ações da MetaReciclagem aparecem nas relações com oficinas, hacklabs, mostras, amostras, viagens, parcerias no exterior, palestras, vídeos, estudos, teses, livros. Ou seja, desse modo, surge uma nova prática de agenciar conceitos. No entanto, nessa categoria de agenciamentos coletivos, também podemos observar que alguns conceitos de rede agenciam os participantes que replicam, como se constata nos seguintes depoimentos:

> *Prática inclusiva com participação de pessoas diferentes trocando experiências.*
>
> *As conversas foram importantes para inspirar, estimular e mapear boas fontes e influências de pesquisa, nas quais nos baseamos para poder realizar experiências e projetos.*
>
> *Um modo informal, indireto, às vezes não intencional, contraditório, quase caótico, que conseguiu influenciar um monte de iniciativas por aí.*
>
> *Ações no virtual mais potentes que no presencial.*
>
> *O mutirão da gambiarra promove o diálogo entre iniciativas.*

2. MOVIMENTOS: essa é uma categoria interessante da MetaReciclagem, pois respalda a forma de agir e influenciar instâncias diferenciadas, que podem ser outros projetos, políticas, contextos. Nessa categoria, são muito comuns os verbos ("hackear", "influenciar", "ocupar", "invadir") que denotam uma ação nem sempre institucionalizada, consentida. A incursão da MetaReciclagem acontece por meio de agenciamentos coletivos. Trata-se de um movimento que procura ocupar espaços e possibilidades na rede, retomando as características de contextos culturais nos quais as pessoas, e principalmente os participantes, se encontram. Entre as expressões, destacamos:

> *Transversalidade, agenciamento. Forma de agir diferenciada nas estruturas políticas. Outro agenciamento.*

Apropriação, ocupação de espaços.
Incursão na microfísica do poder.
Importância do cultural e do político.
O hacker como artesão da tecnologia.
Agir de forma distribuída: influenciando, infiltrando-se.
Metarrecicleiros como raqueadores e transmutadores.

É interessante pensar que essa forma de agir não institucionalizada corroborou para a disseminação do movimento. Essa característica de ação em rede, de maneira paralela, também foi alvo de discussão entre os integrantes da MetaReciclagem, uma vez que os participantes tiveram a possibilidade de fazer do movimento uma instituição formal, mas optaram por não fazê-lo (e é importante mencionar que essa foi uma decisão coletiva e contraditória), uma vez que a institucionalização poderia, segundo as conversações, formar estruturas fixas que impediriam a MetaReciclagem de alcançar espaços mais amplos de influência e um diálogo aberto com todos os setores possíveis.

No contexto social ou político, não temos público-alvo, não temos adversários, categorias do século passado.
De maneira emergente, a MetaReciclagem propõe atuar nos espaços públicos tanto físico quanto simbólico, descentralizada e emergente, para além da superficialidade dos novos profetas das redes que ganham dinheiro dando palestras.
MetaReciclagem se aproveita dos recursos (verbas, poder, conhecimento) e cria circuitos paralelos.

> *Obedece a outras regras, que não as institucionais (escalada de poder, individualismo, competição).*
>
> *Qualquer integrante que começa a fazer a ponte entre o mundo que está on-line e seu contexto local torna-se uma mola de transformação.*
>
> *Multiplicidade, compartilhamento, produção de subjetividade, conversação são capazes de gerar intervenções no contexto social, econômico da realidade brasileira, como, precisamente, eu não sei...*
>
> *Os espaços estão aí; vamos deixando rastros...*
>
> *O sentido de comunidade criando economia social.*
>
> *Vetor de criatividade e inovação que continua reconstruindo a rede, realimentando novos ciclos de trocas, invenção e participação.*
>
> *MetaReciclagem leva às últimas consequências o que é operar em rede no contexto Brasil.*
>
> *MetaReciclagem como rede tem uma atuação direta, prática, cotidiana de criação de sentido, engajamento, aprendizado e descobertas.*

De acordo com os participantes da MetaReciclagem, o Brasil recebe reconhecimento, agregando uma posição de destaque em ações na internet. A emergência de reputação, reconhecimento, citações, referências e de uma ampla discussão, além do copyleft, propõe uma ação em rede no Brasil que, até mesmo no limite da legalidade e sem um contorno definido, facilita a apropriação da tecnologia social e a disseminação do conhecimento. O improviso e a gambiarra são comportamentos que trazem consigo a descoberta de novas possibilidades de intervenção.

Assim, devemos ressaltar que a característica rizomática e não institucionalizada da rede MetaReciclagem propõe uma metodologia de replicação eficaz que propicia a inclusão digital por meio de uma diversidade cultural e de demandas emergentes das pontas do movimento, facilitando o surgimento de esporos e conecTAzes, destacando a importância de oficinas e eventos para apropriação e divulgação, bem como a experiência dos que teorizam sobre inclusão digital e a experiência das práticas.

Certamente, essa abertura se deve ao fato de que, após dez anos de existência e de continuidade nas conversações, os metarrecicleiros estão dispostos a debater, a questionar a internet, suas possibilidades de uso e suas implicações. Uma desorganização bem-sucedida que abre espaços para outras interpretações sobre a MetaReciclagem e novas possibilidades de agenciamento.

CARACTERÍSTICAS DA REDE

Ao propor um debate sobre as características da internet, o objetivo foi mergulhar na visão dos participantes da MetaReciclagem sobre as possibilidades de pensar a rede como potencializadora do movimento de suas ações de inovação. Ao todo, foram registradas cinquenta ocorrências mencionando as características da rede. Nessa categoria principal, não foi possível a decupagem em categorias inferiores, uma vez que as temáticas referentes à rede foram mescladas com uma série de intersecções. Em razão desse fato, considerou-se mais expressiva a abordagem das características em conjunto.

As conversas entre os participantes sobre as características da internet se iniciaram com base no conceito de rede e nas suas diversas visões/contradições, entre elas: a possibilidade de conexões, a democracia e a descentralização e a potencialização do conhecimento, não sendo apenas uma ferramenta. Para alguns integrantes, o conceito de rede não é algo recente, mas eles reconhecem que a internet facilitou a ação comunicativa, diminuindo as distâncias entre as pessoas, como podemos observar nos depoimentos a seguir:

> Conceito de rede de acordo com a MetaReciclagem: física, virtual ou infralógica, um conjunto de ambientes e ferramentas. (maio de 2010)
>
> Rede: características de uma tecnologia e suas possibilidades de criar realidades. (junho de 2010)
>
> Redes são tecnologia? Redes são pessoas e máquinas. (maio de 2010)
>
> As características da rede: complexidade, assunto longo. (maio de 2010)
>
> As redes como um processo de algumas centenas de mil anos. (junho de 2010)
>
> Redes sempre existiram; a vida é uma grande rede intrincada de relações. Redes tecnológicas são redes de propagação e amplificação. (abril de 2010)
>
> Diminui as distâncias entre os seres humanos. (abril de 2010)
>
> Linkania: conversações como mecanismo de construções de relações e links. (maio de 2010)

> *Multiplicidade me faz pensar na grande rede mundial, mas rede não é uma coisa recente. (junho de 2010)*
> *Exercício mais que prazeroso a maneira descentralizada como as coisas se dão. (maio de 2010)*
> *Democracia e descentralização do poder. (abril de 2010)*

Ao trabalhar e agir na rede, os integrantes mencionaram a importância da não hierarquia e da informalidade, além da capacidade de lidar com algumas "tensões" que a rede apresenta: a diversidade entre as pessoas que compartilham conhecimento, não interação, caos informacional. Entretanto, são essas mesmas características que tornam o trabalho mais rico e que fazem da interação uma forma de potencialização das capacidades individuais, como indicam as seguintes declarações:

> *As características de rede presentes no movimento do software livre e em sites e ferramentas públicas como blogs, Drupal, Flickr, YouTube, Orkut, Bittorrent, etc., foram adotadas de forma pioneira e pragmática pela MetaReciclagem. (maio de 2010)*
> *Potencial da web semântica, horizontalidade das relações de comunicação e poder. (maio de 2010)*
> *Nossa capacidade de agir na web se ampliou; novos sistemas, novas possibilidades. (maio de 2010)*
> *A rede contribui com mudanças pequenas, individuais, de dentro pra fora. (maio de 2010)*

Outras características mencionadas pelos metarrecicleiros como importantes para a observação da rede e das suas possibilidades de ação foram expressas pelos termos "reputação" e "remix". Ao tratar de reputação, os integrantes referem-se a diferentes processos emergentes, pelos quais é possível, por meio de uma busca autônoma, verificar e utilizar fontes de conhecimento e referências de projetos e pessoas que foram ou estão sendo bem-sucedidos na rede, como fontes de inspiração, inovação e soluções criativas. Já o remix é referenciado como uma maneira de utilizar o que existe na própria rede (conteúdos, ferramentas, mapas) para influenciar pessoas, montar projetos e criar conhecimento. A amplitude do remix também traduz a expressão "possibilidade de fazer barulho", em qualquer lugar que se esteja, com base na disponibilização de propostas interessantes para quem queira ouvir.

A MetaReciclagem abrange e atua com um público não definido previamente que se interessa em debater sobre a internet e suas ferramentas, sempre priorizando a conversação, como demonstram os relatos a seguir:

> Quem ganhar relevância aparece, quem não ganhar some na rede e vira causo dos Archives. (maio de 2010)
>
> Espírito de compartilhamento que leva à fraternidade; amizades que se movem pela paixão, remixada e temperada. (abril de 2010)
>
> A organização em rede amplia a escala de distribuição, construção e documentação do conhecimento, facilitando a replicação. (maio de 2010)
>
> Já somos uma geração P2P, ainda que a galera broadcast faça mais barulho. (maio de 2010)

Desse modo, observamos que a potência das características da rede para influenciar e gerar projetos interessantes, com uma atuação participativa e política de grupos, resulta em uma posição contraditória entre os integrantes do movimento. Alguns acreditam que as características da internet e suas ferramentas são responsáveis pelas mudanças e intervenções sociais, outros acreditam que essas mudanças resultam de uma postura participativa de certos grupos e não da internet em si, como indicam os depoimentos:

> Tenho muitas dúvidas sobre a possibilidade da rede gerar transformações, mas permite a indivíduos mais pariticipativos, mais criativos, descobrir e interagir de modo sinergético. (maio de 2010)
> Acredito que a rede possa, sim, gerar intervenções, potencializando o encontro de pessoas, pensamentos, bem como a autonomia. (maio de 2010)
> Acredito que a rede é uma ferramenta potente para a construção de conhecimento.(maio de 2010)

APROPRIAÇÃO DA TECNOLOGIA SOCIAL

O que seria a apropriação da tecnologia social? Qual é o *tipping point* que transforma o uso em apropriação, ou o reúso em uma solução satisfatória para problemas reais que enfrentamos no dia a dia? De acordo com os participantes da MetaReciclagem, a apropriação é, acima de tudo, um fenômeno social advindo do uso inteligente, de descobertas autônomas, sobre como se apropriar da internet, das ferramentas de comunicação e das demais tecnologias em um contexto cultural específico. "Inclusão", "empoderamento" e "características culturais" são termos importantes nessa categoria.

Conforme os integrantes da rede, a apropriação da tecnologia social nasceu como um dos objetivos iniciais da MetaReciclagem, buscando ter como resultado, efetivamente, transformações pessoais e uma qualidade de vida melhor. A apropriação de qualquer tipo de tecnologia constitui uma "merge" de pessoas e ferramentas para o bem-estar comum. De acordo com os participantes, a apropriação ocorre por meio do compartilhamento de informações, da aprendizagem, da manipulação e da recombinação de equipamentos e softwares.

Sobre a apropriação da tecnologia social, ainda é oportuno mencionar a visão dos participantes da MetaReciclagem sobre a posição de vantagem do Brasil em comparação a outros países. Mesmo prescindindo de uma rede de acesso em escala muito grande para viabilizar a inclusão digital, o Brasil apresenta uma "cultura do improviso", ou seja, uma certa facilidade de inventar soluções para o acesso e descobrir formas para tal. Dessa facilidade e desse interesse comum, surge a apropriação tecnológica. Ao todo, foram sessenta ocorrências com o tema "apropriação", entre as quais destacamos algumas:

> *A vantagem do brasileiro: ele é rápido na apropriação da plataforma, não usa manual, pergunta pro amigo ou improvisa. (abril de 2010)*
>
> *A lan house na favela é a maior prova de apropriação de tecnologia no Brasil. Jovens estão na web pagando preço de picolé. O Brasil tá bem na fita. (abril de 2010)*

Diversas tecnologias ecoam... barbante, telefone, pombo-correio, e-mail, baleias com suas frequências, cigarras... (junho de 2010)

Pra mim. aquela situação originária da MetaReciclagem como prática e definição de seu conceito já era uma superapropriação tecnológica que estava gerando muita transformação social (cuja dimensão só percebemos nos anos seguintes). (maio de 2010)

A transformação se viabiliza pelo entendimento do seu papel no mundo, e do outro. Conversar, compartilhar, produzir com e entre diferentes pela rede é colocar os recursos tecnológicos disponíveis a serviço das transformações sociais. (maio de 2010)

Quando a apropriação tecnológica é feita com base em ideias como sustentabilidade, reúso, reciclagem, aprendizado amplo, ludicidade, e servem de cunha para processos de discussão e transformação pessoal e do grupo, passamos a investir tempo e recursos não apenas para usar uma tecnologia, mas para fazê-lo em benefício próprio e da comunidade em que estamos inseridos. (junho de 2010)

A MetaReciclagem oferece uma alternativa de apropriação tecnológica. As discussões partem e se destinam a lugares e objetivos completamente diversos dos compartilhados pelos produtores originais da tecnologia. (junho de 2010)

A categoria "apropriação da tecnologia social" deu origem a três subcategorias temáticas: articulações, arte/oficinas e empoderamento.

1. ARTICULAÇÕES: refere-se às articulações em diferentes instâncias (projetos sociais, políticas públicas) e em diferentes locais do Brasil por meio da materialização das ideias da MetaReciclagem. Ao todo, foram contabilizadas doze ocorrências temáticas nessa subcategoria. Apresentamos a seguir algumas delas:

> *Acredito que os debates na MetaReciclagem contribuíram para a apropriação da tecnologia e a transformação social: primeiro na própria articulação e materialização de ideias, depois pela repercussão para outros movimentos, imprensa e pessoas envolvidas na administração pública e na educação. (junho de 2010)*
>
> *Reúso de software, hardware livre, envolvimento de comunidades de forma autônoma, ausência de medo, articulação de projetos locais. (maio de 2010)*
>
> *Decisões sobre tecnologia social em diferentes instâncias institucionais. (maio de 2010)*
>
> *Articulação que viabiliza propostas de apropriação da tecnologia social. (junho de 2010)*
>
> *Ensinar a apropriação para o bem-estar. (maio de 2010)*
>
> *Aprendizagem mais do que comandos de computador, ideias transformadoras de pessoas. (maio de 2010)*
>
> *Os ciclos de obsolescência, o uso, o preço, as condições técnicas de manipulação, transformação e descarte, etc., são definidos por necessidades de mercado, capacidade de produção, do retorno ao acionista; ficam de lado interesses nacionais de transformação social e desenvolvimento econômico e humano. (maio de 2010)*

2. ARTE/OFICINAS: essa categoria refere-se à prática de projetos, oficinas e intervenções artísticas e lúdicas utilizando a tecnologia, prática que contribuiu para a disseminação do conhecimento já apropriado entre os integrantes da MetaReciclagem para outros contextos culturais, posto que as oficinas também são um modelo de replicação do movimento. Além disso, os trabalhos artísticos estimularam a liberdade de invenção de novos usos da tecnologia entre os participantes de diversos projetos sociais. Refere-se também ao momento em que o projeto deixa de ter como foco o reúso de computadores, o acesso e a tecnologia em si para dar espaço à subjetividade e a descobertas de soluções criativas para o cotidiano das pessoas. Ao todo, foram contabilizadas 31 ocorrências mencionando as oficinas e a proposta artística na MetaReciclagem como espaços de apropriação da tecnologia social, como demonstram os seguintes depoimentos:

> A arte como forma de aproximação e de método lúdico de aprendizado, o aprendizado compartilhado, tudo isso foi debatido em lista ou em encontros. (maio de 2010)
> Discussões e oficinas gerando formas de apropriação e empoderamento. (maio de 2010)
> MetaReciclagem: o encontro que melhor me afetou e despertou para o universo tecnológico; pela primeira vez, desejei me apropriar da tecnologia sem ressentimento da imposição. (maio de 2010)

Apropriação envolve um ato criador: entendimento ou interpretação da essência das coisas e reinvenção a partir disso. (maio de 2010)

Reinventando os usos dos objetos, despertando a atenção para a necessidade de mudar a cultura do consumo abusivo, descarte e desperdício. (maio de 2010)

Montagem das próprias máquinas, gabinetes pintados e personalizados. (maio de 2010)

O projeto não queria ser mais um de reciclagem de computadores. (maio de 2010)

Ação abrangente, apropriação inclui várias instâncias que ressignificam dos objetos às subjetividades. (maio de 2010)

Incentivar inovação e invenção – criatividade nas pontas. (maio de 2010)

Propõe a ressignificação de objetos, fatos, situações, subjetividade, criação. (maio de 2010)

Reinventando os usos dos objetos, despertando a atenção para a necessidade de mudar a cultura do consumo abusivo, do descarte e do desperdício. (maio de 2010)

3. EMPODERAMENTO: o conceito de apropriação da tecnologia social na MetaReciclagem passa pela capacidade de potencializar pessoas e situações. A apropriação é um saber construído com base em experiências reais com a tecnologia, o que leva as pessoas a voltar o olhar melhor sobre si e sobre suas próprias capacidades de agir e intervir na cultura em que se encontram. Talvez o empoderamento seja um dos objetivos últimos dos movimentos de inclusão

digital no Brasil: o acesso e o que se pode fazer com esse acesso às TICs, visando à autonomia de ação dos indivíduos por meio dos recursos que são criados por ele para viver de maneira mais criativa e participativa. Ao todo, foram registradas doze ocorrências com o termo "empoderamento" nas conversações, entre as quais destacamos estas:

> Conceito de tecnologia social: apropriação pela população para inclusão social e melhoria das condições de vida. (abril de 2010)
>
> A apropriação da tecnologia social já acontece de forma descentralizada e emergente, à margem das corporações e no limite da legalidade. (abril de 2010)
>
> O desafio é nunca esquecer de ir além da tecnologia física. (abril de 2010)
>
> Produção de subjetividade por meio das oficinas (podcast, edição de vídeo e áudio, fotografia digital com equipamentos simples e celulares, produção de blogs, animação 2D), assim acreditamos que podemos gerar um empoderamento da tecnologia que vai além do mero uso de e-mails e do Orkut. (maio de 2010)
>
> Compreender a tecnologia como extensão do homem, como ferramenta para sua rede de afetos. (maio de 2010)
>
> Outro horizonte, tecnologia como a ponte. (junho de 2010)
>
> [...] hoje, a prática inclui diferentes fazeres, desde o fazer-fazer até o fazer-falar e o fazer-pensar, os computadores são quase um detalhe. (junho de 2010)

SOBRE METODOLOGIA

A metodologia talvez seja o cerne da rede MetaReciclagem e tem como "jeito de fazer" a replicação. Entretanto, contextos culturais diversos fazem com que o ato de replicar a MetaReciclagem em uma cidade, região ou até mesmo em eventos, transformem esse "fazer" em algo original por quem quer que seja concebido. A metodologia da MetaReciclagem tem como modelo a metodologia de desenvolvimento do software livre e se desenvolve de maneira coletiva. A ausência de um centro disseminador e a aplicação de esporos e conecTAzes facilitam a disseminação do conhecimento sobre a internet e suas possibilidades, o empoderamento e, quem sabe, em última instância, a reciclagem de computadores. Bem-sucedida, pode-se dizer que é a metodologia de replicação não institucionalizada e não proprietária da MetaReciclagem – essa prática emergente, "quase despreocupada" e que ao mesmo tempo busca intervir e alcançar realidades diversas – a responsável por preservar as características e as potencialidades da rede MetaReciclagem onde quer que ela seja replicada: a não institucionalização e as conversas com diferentes instâncias da sociedade.

Outra consideração importante sobre a metodologia, além de sua forma híbrida, é a preocupação denunciada pelos integrantes do movimento com a documentação: a publicação e o registro em listas de discussão das conversações e dos processos que estão acontecendo em diversas regiões do Brasil. O conteúdo dessas listas tem se transformado em livros e materiais que podem ser utilizados por qualquer pessoa na rede para dar início a projetos ou ações.

Na categoria "metodologia", o termo abrange todas as demais categorias principais utilizadas na pesquisa, como pode ser observado nos relatos a seguir. Dessa forma, não foi possível separar a metodologia em subcategorias. Ao todo, foram observadas 39 ocorrências do termo "metodologia" ou de referências a ele nas discussões, como constatam os relatos destacados aqui:

> *De início, em 2002, a ideia era receber doações de computadores, colocá-los para funcionar e destiná-los a pessoas que não tinham equipamentos ou à montagem de telecentros. (junho de 2010)*
>
> *A MetaReciclagem trouxe novos ventos, condições de possibilidades. Uma metodologia emancipatória, libertadora e ativa para a apropriação da tecnologia. Trabalhando com a ideia da desconstrução da tecnologia para a reapropriação. (junho de 2010)*
>
> *Metodologia da autonomia. (junho de 2010)*
>
> *Estratégias puxadinho e gambiarra. (abril de 2010)*
>
> *MetaReciclagem como um movimento gerado a partir de software livre, copyleft, movimento creative commons, e posteriormente foi adotado por iniciativas de inclusão digital de governos e ONGs. (abril de 2010)*
>
> *Metodologia MetaReciclagem de autonomia e multiplicação. (abril de 2010)*
>
> *Preocupação com a documentação do processo e divulgação. (junho de 2010)*

Importância da documentação, dar sentido aos pontos de vista, abrir possibilidades, dar visibilidade. (maio de 2010)

O nível do pensamento que permeava as discussões, bem como a metodologia e a simplicidade do encontro me impressionou. (junho de 2010)

A importância das listas de discussão como ferramentas fundamentais para articulação de ideias e práticas, compartilhamento e informações, discussões descentralizadas. (maio de 2010)

Modelo descentralizado, colaborativo. (junho de 2010)

A metodologia, por meio das oficinas e conversas, vem fazendo com que essa apropriação seja experenciada a partir de um repertório pessoal e, ao mesmo tempo, coletivamente. É como se a "versão" oficial fosse desviada, ou construída por cada usuário, uma subversão mesmo... libertadora, pirata, hacker. (abril de 2010)

Muita replicação; incontrolável. (abril de 2010)

Autonomia na organização, na mistura das relações com consciência operante. (abril de 2010)

Formato híbrido de comportamento da rede MetaReciclagem: uma construção de relação funcional, mental e afetiva ao mesmo tempo não estruturada, não hierárquica, não totalmente solta. (junho de 2010)

Limites não dados, bordas não definidas. (junho de 2010)

Importância da metodologia de replicação: replicação sempre. (maio de 2010)

Inclusão digital com o conceito de tecnologia social, metodologias e técnicas participativas e transformadoras. (maio de 2010)

Forma híbrida de trabalhar – não só organização, não só rede, mas alguma coisa no meio. (abril de 2010)

A importância das oficinas da MetaReciclagem para a disseminação de conhecimento. (abril de 2010)

O comportamento coletivo evitou a formação de uma organização centralizada. (abril de 2010)

Publicações do movimento em vista: MutiroLogia do Mutirão da Gambiarra. (junho de 2010)

As transformações já estão ocorrendo. A rede é o contexto: a percepção de ser rede descortinou o processo, empoderando a pessoa comum. (maio de 2010)

Não as características da rede em si, mas as pessoas que se apropriam dessas características em suas ações. (maio de 2010)

A rede é capaz de gerar transformações e reconfigurações nas relações sociais, econômicas na sociedade brasileira: micropolíticas da rede. (maio de 2010)

As características da rede são uma saída para agilizar, transformar antigos processos de mobilização social. No âmbito artístico, temos projetos colaborativos em que jamais conseguiríamos chegar sem esses novos modelos de conversação. (maio de 2010)

A rede está sendo reconfigurada pelo seu grupo mais atuante, abrindo espaços importantes para expansão das práticas recombinantes que tinham sido ideologicamente banidas do mundo dos mass media. (maio de 2010)

MetaReciclagem como um inoculador: gambiarra, dar um jeito e se virar ganham uma nova qualidade no mundo das redes. O digital é essencialmente recombinante, e a diversidade cultural é uma grande gambiarra. (maio de 2010)

Exemplos de novas possibilidades na rede: eleição, mídias sociais, aumento do potencial de circulação de memes. (maio de 2010)

As características da rede podem gerar transformações. (maio de 2010)

Novos caminhos de acesso às pessoas e suas identidades em rede: criar uma interferência e despertar atenção. (maio de 2010)

AQUI TEM UM BANDO DE LOUCOS!

Uma imensidão de comunidades de desenvolvedores de softwares, blogueiros, de pessoas linkadas espalhadas pelo mundo com objetivos semelhantes na produção colaborativa, muita gente ronda pelos bastidores cibernéticos.

Este é um trabalho sobre conversações. Comecei a explicar como emergem essas conversas usando a expressão do projeto Metá:Fora nas redes que habitamos. Metá:Fora sempre foi uma TAZ, um espaço informacional impermanente por natureza. Assim, o Metá:Fora não acontece mais, mas persiste como uma conversa de 2003, quando pessoas se organizavam em redes para criar experimentos, invenções e gambiarras. A MetaReciclagem é um desses experimentos, uma articulação em rede que fez eco às propostas da apropriação da tecnologia social.

Pelo menos para mim, todo esse processo de MetaReciclagem nos remete à ideia de inquietude potencializada. Potência de querer transformar, se engajar no espaço informacional, potência de apropriação e replicação das relações transformadoras. Atuamos na arte, na política pública, na cultura... Estamos construindo novas possibilidades de transformação social. Somos parte de um grande movimento colaborativo.

Todo esse processo começou a criar rizomas, e um modelo começou a emergir das entranhas da rede. Gosto de pensar que o paradoxo se torna paradigma no ritmo de uma cultura de *remix*. O conhecimento começa a se libertar das instituições e faz da rede um repositório colaborativo.

A atuação das pessoas em blogs, no Twitter, no Facebook ou em qualquer lugar não informacional faz com que a comunicação não mais seja monopólio da mídia de massa. Com a internet, a comunicação se distribui em rede. E, dessa forma, opera numa conversação de muitos para muitos. As pessoas consomem e produzem conversas sem a necessidade de pedir permissão. Publicar é conversar, independentemente da mídia que suporta a informação.

Observando a rede MetaReciclagem, percebi que as zonas de colaboração formavam-se em meio ao caos e à desorganização informacional da internet. Numa dinâmica cultural de encontros em rede, as conversas eram simultâneas, transversais e inconclusas. Entretanto, apesar das características difusas e da multiplicidade de opiniões e vontades, as pessoas reconheceram o valor das conversações e sua potência para alterar realidades em contextos sociais. Essa correlação de forças imanentes foi expressa na rede como zonas de colaboração, cujo conceito é o espaço informacional em que as pessoas comuns estão engajadas no desenvolvimento de comunidades, nas relações, nas conversações.

Assim, cabe a nós pensar como essa problemática está sendo contemplada e como o estudo das teorias da comunicação pode desvelar o processo da formação de uma nova geração de comunicadores. O século XXI exige, portanto, modificações estruturais no poder. É nesse cenário que as redes sociais adquirem importância. É sobre esse jogo de forças que a MetaReciclagem, como proposta de ocupação de espaços, do reúso da tecnologia e da apropriação, atuou e impactou políticas públicas. A troca de conhecimentos por meio das conversas informais foi capaz de gerar mudanças nos diferentes contextos culturais.

Nessas zonas de colaboração, a importância das pessoas diante da tecnologia surgiu como proposta inicial. Esse fato pode ser observado pela prática de divulgação da conversa/pesquisa ou intervenção para outras instâncias, blogs, listas, nas quais um post ou uma proposta de projeto perdeu o controle e se diluiu para outros lugares. Essa prática foi produtiva para gerar uma potência que agregou multidões com interesses em comum.

Do mesmo modo que pesquisadores científicos permitem, em seus campos de estudo, a todos os demais examinar e utilizar suas descobertas ao relatar seus métodos de trabalho, possibilitando o teste e o desenvolvimento para além do ponto em que chegaram, os hackers que participaram do projeto Linux permitiram a todos os demais utilizar, testar e desenvolver seus programas. Em pesquisa, isso é conhecido como "ética científica". Na programação, ela recebe o nome de código-fonte aberto, ou *opensource*. A esse modelo se assemelhava a Academia de Platão, na qual os alunos não eram vistos como a meta dos ensinamentos, mas, sim, como companheiros na aprendizagem.

As pessoas envolvidas com a criação e o desenvolvimento da internet têm uma natureza radical, que consiste em propor uma postura alternativa para a sociedade da rede – um padrão que questiona a ética protestante predominante. Desde sua criação, a internet não possui nenhum órgão dirigente central que guia seu desenvolvimento ou que controla seu conteúdo. Ao contrário, sua tecnologia ainda é desenvolvida por uma comunidade aberta de hackers. Essa comunidade discute ideias, que só se tornarão padrão se a maior parte da comunidade da internet achar que elas são boas e começar a usá-las. O hacker é o artesão da tecnologia: ocupa os espaços informacionais e diminui as distâncias entre seres humanos. A proposta da sociedade da colaboração é a ética hacker.

Preconizando o compartilhamento de conhecimentos, o acesso livre e o uso de ferramentas, bem como o modelo descentralizado e colaborativo, bem-sucedido, de criação em rede do software livre, a ética hacker serviu de espelho e resultou em ações da MetaReciclagem em rede por meio de intervenções ou influências em projetos e políticas públicas no Brasil.

Ao influenciar políticas públicas de inclusão digital, a rede MetaReciclagem trouxe, em seu cerne, a proposta de apropriação da tecnologia social como forma de transformação social. Essa proposta, considerada o embrião das ações, pode ser replicada por meio de metodologias emancipatórias e autônomas que se adequaram a contextos culturais diversos, como constatam os depoimentos dos participantes da rede.

Não houve um centro disseminador de conhecimento e práticas, mas uma difusão de informações provenientes de muitos lugares. Entretanto, a apropriação não adveio somente das características inerentes à rede, como multiplicidade e possibilidade de compartilhar, mas de ações efetivas e iniciativas de participantes em atuar, "invadir" e ocupar espaços informacionais e públicos.

De acordo com os participantes da MetaReciclagem o Brasil recebe reconhecimento, conquistando uma posição de destaque em ações na internet. A emergência de reputação, reconhecimento, citações, referências e de ampla discussão, além do copyleft, propõe uma forma de agir em rede no Brasil que, até mesmo no limite da legalidade e sem contornos definidos, facilita a apropriação da tecnologia social e a disseminação do conhecimento. O improviso e a gambiarra são comportamentos que trazem consigo a descoberta de novas possibilidades de intervenção.

Deve-se apontar que a característica rizomática e não institucionalizada da rede MetaReciclagem propôs uma metodologia de replicação eficaz que propiciou a inclusão digital por meio de uma diversidade cultural e de demandas emergentes das pontas do movimento. Ressalta-se ainda a importância das oficinas e dos eventos para a apropriação e a divulgação, bem como a experiência dos que teorizam sobre inclusão digital, e as experiências das práticas de projetos que utilizam a metodologia.

Vivemos um tempo em que não há volta, e o uso das conversações oriundas da web vão cada vez mais influenciar as políticas e as intervenções sociais. Na MetaReciclagem, a predominância da categoria "agenciamentos coletivos" vem agregada ao uso do verbo "crer", muito recorrente nas conversações analisadas, nos posicionamentos e nas opiniões. Essa composição não se configura em uma contradição, mas no valor que o movimento dá às pessoas em detrimento da tecnologia, o que confirma que, além de ferramentas, fios e equipamentos, a rede é constituída de crenças e desejos. E, para o bem ou para o mal, há um comum compartilhado que se desenrolou em projetos e ações efetivas.

Alguns dizem que a tecnologia reproduz a ideia de prótese; que ela "cola" no homem. As fábricas seriam lugares onde sempre são produzidas novas formas de homens: primeiro, o homem-mão, depois o homem-ferramenta, em seguida, o homem-máquina e, finalmente, o homem-aparelhos eletrônicos. Repetindo: essa é a história da humanidade. A máquina distende a mão do homem a ponto de o homem se tornar a máquina, ou a máquina se tornar o homem. Ora, tanto faz. Somos homem-computadores, homem-celulares, homem--agendas eletrônicas... Somos homens. Homens em rede. Na verdade, nossa experiência na MetaReciclagem fez um link importante com esse pensamento, pois o limite da apropriação tecnológica, numa abordagem mais conceitual, foi a constatação de que o desafio de lidar com a máquina é *ser* a máquina. Brincamos com os games, desafiamos os limites como se fôssemos os heróis. Programadores têm como objetivo apenas criar um percurso rítmico para as mentes em ação.

O desafio está em se valer da máquina para se constituir como homem. O código é a interface do homem com a sua máquina-prótese. Quebrar e decifrar os protocolos que controlam o sistema nos aproxima da condição "pós-humana". A sociedade se torna, então, refém de um sistema "homem-máquina-protocolo".

A promessa da internet é o retorno da voz. Esse retorno se dá pela apropriação da tecnologia e pelas inúmeras possibilidades de usar o sistema homem-máquina-protocolo em benefício do sujeito e da comunidade. O caminho do controle é o mesmo proposto pela liberdade.

Nesse sentido, temos uma multidão que se alimenta dessas contradições e que encontra na rede um ambiente propício para expressar a sua potência. A multidão hiperconectada só se faz possível quando a apropriação tecnológica possibilita o compartilhamento de interesses comuns. As pessoas se aproximam, criam e recriam comunidades. As pessoas se juntam, estão linkadas pela ação comum.

Ao tratar de apropriação da tecnologia social, é importante mencionar o aspecto artístico do movimento, que se preocupou em pensar o uso das novas tecnologias de maneira criativa e inovadora, abrindo espaços para a expressão da subjetividade e também para o empoderamento das pessoas por meio da ação comunicativa e do uso de softwares e hardwares. A abordagem da MetaReciclagem não proprietária e ampla, sem fronteiras definidas, teve ampla capacidade de estabelecer articulações com diversas instâncias nacionais e internacionais, o que culminou na transformação da rede em um múltiplo criador de novas circunstâncias propícias para a inovação de técnicas e usos da internet e de suas ferramentas.

Entre as inúmeras categorias apresentadas na metodologia deste trabalho de pesquisa por meio da análise temática, é importante mencionar que cada uma delas merece um estudo específico, tanto pela abundância dos dados coletados quanto pela possibilidade de desvelar aprofundamentos interessantes e relevantes sobre a visão e a ação dos integrantes da MetaReciclagem. A análise apresentada neste estudo é inicial e com muitas possibilidades de desdobramento.

Ao final, ainda é possível nos perguntar: o que é a MetaReciclagem? O que é essa rede de pessoas cuja influência é capaz de alcançar, invadir e ocupar lugares ainda tão inesperados? De outro lado, percebemos também a dificuldade dos próprios integrantes de responder a essas questões, tendo em vista que o olhar dos fundadores se distorce ao observar as ações da MetaReciclagem atualmente.

Certamente, isso se deve ao fato de que, após dez anos de existência e continuidade nas conversações, mesmo muitas vezes decretada morta por alguns participantes alhures, a lista de discussão foi apropriada por seus integrantes (e novas pessoas continuam entrando na lista a cada instante), dispostos a debater e a questionar a internet, suas possibilidades de uso e suas implicações. De acordo com os depoimentos analisados, participar dessa proposta não é uma atividade cotidiana fácil, mas conturbada e, acima de tudo, desorganizada. Entretanto, é essa "desorganização bem-sucedida" que abre espaço para novas interpretações sobre a MetaReciclagem e outros agenciamentos.

Será que há algum modelo que poderá ser visualizado ao longo dos anos de conversação/interação por meio da lista de discussão ou da página http://rede.metareciclagem.org/ entre os membros dessa rede? Quais as tags e os assuntos mais polêmicos e que foram capazes de gerar mais *threads*, capturando a atenção e o maior envolvimento por meio das opiniões dos membros do movimento ao longo dos anos? Será possível estabelecer um estudo comparativo entre as conversações da MetaReciclagem e de outras redes na internet? Essas são algumas questões viáveis de ser apontadas e necessárias para estudos futuros com base neste trabalho de pesquisa.

Finalizo essa pesquisa na esperança de que os metarrecicleiros se reconheçam nesse processo, ao menos, em alguma parte, posto que a intervenção foi algo que contou com a genuína participação de uma rede que – pelo seu tempo de (im)permanência, pelos projetos já desenvolvidos, além da qualidade das discussões – nos faz ter orgulho de ser metarrecicleiros. Pois é! Aqui tem um bando de loucos... que querem um mundo melhor.

Bibliografia

ARISTÓTELES. *Metafísica*. Coleção Os Pensadores. São Paulo: Abril Cultural, 1984.

BARDIN, Laurence. *Análise de conteúdo*. Lisboa: Edições 70, 2009.

BENKLER, Yochai. *The Wealth of the Networks: how Social Production Transforms Markets and Freedom*. New Haven: Yale University Press, 2006. Disponível em http://www.benkler.org/Benkler_Wealth_Of_Networks.pdf. Acesso em 16 jul. 2006.

BEY, Hakim. *TAZ: zona autônoma temporária*. Trad. Patricia Decia e Renato Resende. São Paulo: Conrad, 2001.

BORGES, Jorge Luís. *Obras completas*. Vol. 1. São Paulo: Globo, 1998.

BOYD, Danah M. *Taken Out of Context: American Teen Sociality in Networked Publics*. Tese de doutorado. Berkeley: University of California, 2008.

CASTELLS, Manuel. *A sociedade em rede – a era da informação: economia, sociedade e cultura*. Vol. 1. 9ª ed. São Paulo: Paz e Terra, 2006.

COSTA, Rogério da. "Inteligência afluente e ação coletiva: a expansão das redes sociais e o problema da assimetria indivíduo/grupo". Em *Razón y palabra*, nº 41, Monterrey, 2004. Disponível em http://www.razonypalabra.org.mx/anteriores/n41/rdacosta.html. Acesso em 21 ago. 2013.

DAGNINO, Renato & NOVAES, Henrique T. *Adequação sócio-técnica e economia solidária*. Campinas: Unicamp, 2003. Mimeo.

_____ et al. "Sobre o marco analítico-conceitual da tecnologia social". Em *Tecnologia social: uma estratégia para o desenvolvimento*. Rio de Janeiro: Fundação Banco do Brasil, 2004.

DELEUZE, Gilles. "Sur Spinoza". Em *Les cours de Gilles Deleuze*, 1978. Disponível em http://www.webdeleuze.com/php/texte.php?cle=14&groupe=Spinoza&langue=2. Acesso em 11 set. 2013.

_____. *Foucault*. 2ª ed. São Paulo: Brasiliense, 1991.

_____. "Post-Scriptum sobre as sociedades de controle". Em *Conversações*. Trad. Peter Pál Pelbart. Rio de Janeiro: Editora 34, 1992.

_____ & GUATTARI, Félix. *Mil platôs: capitalismo e esquizofrenia*. Vol. 1. São Paulo: Editora 34, 1995a.

_____ & GUATTARI, Félix. *Mil platôs: capitalismo e esquizofrenia*. Vol. 2. São Paulo: Editora 34, 1995b.

_____ & GUATTARI, Félix. *Mil platôs: capitalismo e esquizofrenia*. Vol. 5. São Paulo: Editora 34, 1995c.

DE MASI, Domenico. *A sociedade pós-indústrial*. São Paulo: Editora Senac São Paulo, 1999.

_____. *O ócio criativo*. 2ª ed. Rio de Janeiro: Sextante, 2000.

ESCOBAR, Arturo. "Welcome to Cyberia: Notes on the Anthropology of the Cyberculture". Em *Current anthropology*, 35 (3), jun. 1994. Disponível em http://www.unc.edu/~aescobar/text/eng/arturowelc.pdf. Acesso em 20 jul. 2008.

ESPINOSA, Baruch. *Ética*. Coleção Os Pensadores. São Paulo: Abril Cultural, 1973.

FOUCAULT, Michel. *Microfísica do poder*. Trad. Roberto Machado. Rio de Janeiro: Graal, 2005.

_____. *História da sexualidade I: a vontade do saber*. Rio de Janeiro: Graal, 1993.

GALLOWAY, Alexander. *Protocol: how Control Exists After Decentralization*. Cambridge: Mit Press, 2004.

GARCIA, David & LOVINK, Geert. *The ABC of Tactical Media*. 1997. Disponível em http://assail.files.wordpress.com/2007/11/abc-of-tactical-media.pdf. Acesso em 24 jun. 2009.

GRECCO, Sheila. "Ideias não envelhecem". Em *NovaE*, s/l, 2001. Disponível em http://www.novae.inf.br/site/modules.php?name=Conteudo&pid=1318. Acesso em 4 set. 2013.

GUATTARI, Félix. *Caosmose: um novo paradigma estético*. Trad. Ana Lúcia de Oliveira e Lúcia Cláudia Leão. São Paulo: Editora 34, 2006.

HABERMAS, Jürgen. *Direito e democracia: entre facticidade e validade*. Vol. 2. Trad. Flávio Beno Siebeneichler. Rio de Janeiro: Tempo Brasileiro, 1997.

_____. *Teoría de la accion communicativa: crítica a la razón funcionalista*. Vol. 1. Madrid: Taurus, 1987.

HARDT, Michael & NEGRI, Antonio. *Multidão: guerra e democracia na era do império*. Trad. Clóvis Marques. Rio de Janeiro: Record, 2005.

_____. *Empire*. Londres: Harvard University Press, 2000.

HEIDEGGER, Martin. *Introdução à filosofia*. Trad. Marco Antonio Casanova. São Paulo: Martins Fontes, 2008a.

_____. *Basic Writings: from Being and Time to the Task of Thinking*. Londres: Harper Perennial and Modern Thought, 2008b.

_____. *Ser e tempo*. Vol. 2. Petrópolis: Vozes, 1997.

_____. *Da experiência do pensar*. Porto Alegre: Globo, 1968.

ITO, Mizuko *et al. Living and Learning with New Media*. Berkley: MacArthur Foundation, 2008. Disponível em http://digitalyouth.ischool.berkeley.edu/files/report/digitalyouth-WhitePaper.pdf. Acesso em 23 set. 2013.

JARDIM, Fabiana Alves & OTERO, Martina Rillo. "Reflexões sobre a construção do conceito de tecnologia social". Em *Tecnologia social: uma estratégia para o desenvolvimento*. Rio de Janeiro: Fundação Banco do Brasil, 2004.

JENKINS, Henry. *Convergence Culture: where Old and New Media Collide*. Nova York: NYU Press, 2008.

JOHNSON, Steven. *Emergência: a dinâmica de rede em formigas, cidades e softwares*. Rio de Janeiro: Jorge Zahar, 2003.

LATOUR, Bruno. *Reassembling the Social: an Introduction to Actor-Network-Theory*. Oxford: University of Oxford Press, 2005.

LAZZARATO, Maurizio. "From capital-labour to capital-life". Em *Ephemera: Theory & Politics in Organization*, 4 (3), 2004.

LE BOTERF, Guy. "Pesquisa participante: propostas e reflexões metodológicas". Em BRANDÃO, Carlos Rodrigues (org.). *Repensando a pesquisa participante*. São Paulo: Brasiliense, 1999.

LEIBNIZ, Gottfried Wilhelm. *La monadologie*. Paris: Librairie Générale Française, 1991.

LESSIG, Lawrence. *Remix: Making Art and Commerce Thrive in the Hybrid Economy*. Nova York: Penguin Press, 2008.

LÉVY, Pierre. *A inteligência coletiva: por uma antropologia do ciberespaço*. 4ª ed. Trad. Luiz Paulo Rouanet. São Paulo: Loyola, 2003.

_____. *A conexão planetária: o mercado, o ciberespaço, a consciência*. Trad. Maria Lúcia Homem & Ronaldo Entler. São Paulo: Editora 34, 2001.

LOCKE, Christopher *et al*. *The Cluetrain Manifesto: the End of Business as Usual*. Nova York: Perseus Books, 2000.

MARÍAS, Julián. *Los estilos de la filosofia*. Trad. Sylvio Horta. Madrid, 2000. Disponível em http://www.hottopos.com/harvard4/jmshdg.htm. Acesso em 5 abr. 2009.

PARENTE, André. "Enredando o pensamento: redes de transformação e subjetividade". Em PARENTE, André (org). *Tramas da rede*. Porto Alegre: Sulina, 2004.

RAYMOND, Erick S. *A catedral e o bazar*. Trad. Erik Kohler, s/l, 1999. Disponível em http://rede.acessasp.sp.gov.br/sites/default/files/catedral-bazar.pdf. Acesso em 5 set. 2013.

REDE DE TECNOLOGIA SOCIAL. "David De Ugarte, sócio da Sociedad de las Indias Electrónicas e autor do livro *El poder de las redes*". 2008. Disponível em http://www.rts.org.br/entrevistas/david-de-ugarte-socio-da-sociedad-de-las-indias-electronicas-e-autor-do-livro-el-poder-de-las-redes/. Acesso em 9 set. 2013.

RHEINGOLD, Howard. *Smart Mobs: the Next Social Revolution*. Nova York: Perseus Books, 2002.

_____. *The Virtual Community: Homesteading on the Electronic Frontier*. Massachusetts: Addison-Wesley, 1993. Disponível em http://www.rheingold.com/vc/book/intro.html. Acesso em 12 jul. 2013.

ROSAS, Ricardo. *Truquenologia: elementos para se pensar uma teoria da gambiarra tecnológica*, São Paulo, 2007. Disponível em http://www.slideshare.net/marketinghacker/truquenologia. Acesso em 28 ago. 2013.

SHIRKY, Clay. *Here Comes Everybody: the Power of Organizing without Organizations*. Nova York: Penguin Press, 2008.

SODRÉ, Muniz. *Antropológica do espelho: uma teoria da comunicação linear e em rede*. Rio de Janeiro: Vozes, 2002.

SUROWIECKI, James. *The Wisdom of Crowds*. Nova York: Anchor Books, 2005.

TARDE, Gabriel. *Monadologia e sociologia: e outros ensaios*. Eduardo Viana Vargas (org.). Trad. Paulo Neves. São Paulo: Cosac Naify, 2007.

_____. *A opinião e as massas*. Trad. Eduardo Brandão. São Paulo: Martins Fontes, 2005.

THIOLLENT, Michel. *Metodologia da pesquisa-ação*. 15ª ed. São Paulo: Cortez, 2007.

UGARTE, David de. *El poder de las redes*, Espanha, 2007. Disponível em http://www.deugarte.com/manual-ilustrado-para-ciberactivistas. Acesso em 13 out. 2008.

ULPIANO, Cláudio. *A imanência é precisamente a vertigem filosófica, inseparável do conceito de expressão*. Disponível em http://www.claudioulpiano.org.br/textos_texto02.html. Acesso em 29 jan. 2009.

_____. *Liberdade e pensamento em Espinosa*. Disponível em http://www.youtube.com/watch?gl=US&feature=related&v=KMhuVkSDQPs. Acesso em 23 set. 2013.

VIRILIO, Paul. *Cibermundo: a política do pior*. Lisboa: Teorema, 2000.

WEBER, Max. *A ética protestante e o espírito do capitalismo*. São Paulo: Pioneira/Thomson Learning, 2001. Disponível em http://bib.praxis.ufsc.br:8080/xmlui/bitstream/handle/praxis/78/A%20%C3%89tica%20Protestante%20e%20o%20Esp%C3%ADrito%20do%20Capitalismo.pdf. Acesso em 11 set. 2013.

WEINBERGER, David. *Everything is Miscellaneous: the Power of the New Digital Disorder*. Nova York: Times Books Henry Holt and Company, 2007a.

_____. *Web of Ideas: does Participatory Culture Lead to Participatory Democracy?* 2007b. Disponível em http://www.hyperorg.com/blogger/2007/03/18/web-of-ideas-does-participatory-culture-lead-to-participatory-democracy/. Acesso em 23 set. 2013.

_____. *The Hyperlinked Metaphysis of Web*. 2006. Disponível em http://www.hyperorg.com/misc/metaphysics/. Acesso em 23 set. 2013.

_____. *The Long Conversation*. Reino Unido, 2004. Disponível em http://www.guardian.co.uk/technology/2004/may/27/media.newmedia. Acesso em 23 set. 2013.

_____. *Small Pieces Loosely Joined: a Unified Theory of the Web*. Nova York: Perseus Books, 2002.

_____ & SEARLS, Doc. *World of Ends: What the Internet is and How to Stop Mistaking it for Something Else*. 2003. Disponível em http://www.worldofends.com. Acesso em 23 set. 2013.